ロイヤルホストで
夜まで語りたい

Hospitality Restaurant
Royal Host

朝日新聞出版

ロイヤルホストで夜まで語りたい　目次

第1章 はじめては

第2章 あこがれて

第3章 いつもの

第4章 とくべつな

特別鼎談

装画　サヌキナオヤ
イラスト　一色美奈保
ブックデザイン　大島依提亜

ロイヤルホストで夜まで語りたい

第１章

はじめては

褪せない夢

平野紗季子

平野紗季子（ひらの・さきこ）

1991年、福岡県生まれ。フードエッセイスト・フードディレクター。執筆に加え、ラジオ / Podcast 番組「味な副音声」のパーソナリティ、菓子ブランド「(NO) RAISIN SANDWICH」の代表を務めるなど、活動は多岐にわたる。著書に、『生まれた時からアルデンテ』『私は散歩とごはんが好き（犬かよ）。』『ショートケーキは背中から』ほか。

一番好きなロイヤルホストのメニュー

一番よく食べているのは、
国産豚ときのこのポルチーニクリームソースだと思います

ロイヤルホストによく行く時間帯

時間を問わずお世話になっています

よく一緒にロイヤルホストに行く人

自分

好きな席

ボックスシート

ロイヤルホストへひと言

激重感情を披露してすみません。
どんなロイヤル様のことも愛していきたいと思っておりますので、
あまり古のオタクのことは気にせず、
これからものびのびと営業なさってくださいませ

幸せってどういうことかというと、例えば体の芯《しん》まで冷え切った夜にオレンジ色のロゴが輝くロイヤルホストへ駆け込んで、熱々のコスモドリアを食べること。今日の飾りレモンの立ち具合は国立競技場みたいだ〜、と喜んだりすること。途中から追いレモンと追い黒胡椒をマストでお願いしてガリガリやらせてもらうこと。ハフハフしながら中から甘い栗が飛び出すのを喜ぶこと。チキンは空で、マッシュルームは陸で、エビは海で、このドリアには世界があるからコスモポリタンなドリアなんだ〜、と壮大な由来に浸ること。そうこうするうち体は温まり、さっきまでせせこましく些事《さじ》に囚われていた心持ちはコスモの塵《ちり》となって消えていく。私の心はちょうどコスモドリア一人前分欠けていたのか、と気付かされる。コスモドリアの縁取りで欠けていた自分の心を思うと、愛おしい気持ちにさえなる。

調子のいい時は最後に季節のブリュレパフェを食べるが、そうでもない時はデザートがわりにパラダイストロピカルアイスティーを飲み、ぼんやりする。昔はこのハワイの空港みたいな匂いのフレーバーティーが苦手だったのにな。でも、好きになっちゃったんだよな。なぜって、ドリンクバーが導入される前のロイヤルホストにはウーロン茶的無難茶が存在しなかったから。冷たいお茶が飲みたい時はトロピカルアイスティー一択だったから。しかもトロピカルアイスティーは無料だったから。それで我慢して飲んでいたら、そのうち好きになってしまったのだった。嫌いなものが好きになると忘れられない味になる。アウェイがホームになる時のときめきのこと。

ロイヤルホストはこうしていちいち私の人生に爪痕《つめあと》を残してきた。

そうなることは、最初から決まっていたのかもしれない。なんせ私はロイヤルホストの斜め前の病院で生まれたのである。そこは福岡、ロイヤルホストのお膝元《ひざもと》。私はロイヤルホストのある街で、ロイヤルホストに見守られながらすくすく育ち、平野家は何かいいことがあってもなくてもたびたびロイヤルホストを訪れた。親戚が集合する時は、ロイヤルホストで焼肉を食べた。あのロイヤルホストのテーブルに！焼き肉コンロが埋め込まれている時代があったよね……！　歴史の生き証人のような気分でロイヤル焼肉の話をこれまで何度となく人にしたことがあるけれど、いつも自分だけが盛り上がっている感じになる。なんじやそれ、という顔をされる。そうかそうか。東京の人とかは知らないか。あの頃のロイヤルホストは焼肉屋でもあったし、あの頃のユニクロは、赤に白抜きの男女のシルエットが手をつないでバンザイしていたのだった。あれは、めちゃくちゃラジオ体操感があったよね。九〇年代の西日本ロードサイドの風景だ。

私が五歳になる頃に、平野家は東京に引っ越したのだが、相も変わらずロイヤルホストは私の人生のそばにあり続けた。外食との付き合いをロイヤルホストから始められたことは、大きな幸運であったと思う。

ロイヤルホストの創業者である江頭匡一《えがしらきょういち》氏は「日本一のレストランを作りたい」という夢を掲げて、前身となる「ロイヤル中洲本店」を開業した。シェフ（横浜のホテルニューグランド出身）もスタッフも空間もすべてが一流のフランス料理店、夜九時以降はバンドが入る豪華絢爛《けんらん》な一軒で、かのマリリン・モンローも来店したほどだ（そのことを今もメニューで訴え続けてるところ、好き）。ある時江頭氏は街角の靴磨きの女性が「一度でいいからロイヤルに行ってみたいもんだね」と話しているのを聞く。その時に浮かんだのが「一般の人の手に届き、それでいて贅沢《ぜいたく》感のある店を作ろう」という構想だった。

だからこそ。ロイヤルホストは外食の夢を失わない。どんなに身近な存在になったとてHospitality Restaurantの矜持《きょうじ》が、料理にメニューに接客にカトラリーにさえ、息づいている。だから、テーブルにおすすめの一品を貼らない。宣伝ＢＧＭを流さない。器はＮＩＫＫＯで、カトラリーはNoritakeで、床は多くの面積が絨毯《じゅうたん》だ。各国料理フェアをやり続けてきたのだって、私たちに新しい味をもたらさんとする外食屋としての使命だったのだろう。

ロイヤルホストでは試験勉強をしたし、打ち合わせをしたし、デートをしたし、黙々とひとり飯をしたし、友達の失恋話を聞いてふたりで号泣もした。まるで帰巣本能のようにロイヤルホストへと足が向いてしまう私を、朝から深夜まで、いつ何時も受け入れてくれた。そのくせいつまでたっても外食の夢が褪《あ》せない。懐の深さと、終わらない憧れ。このふたつが奇妙とも言えるバランスで同居している。そんな店を私は他に知らなくて、ロイヤルホストはこの世界のひとつの奇跡だと思っている。

謙虚さ、ものづくりへの誠実さ、思いがけないユーモアや品良き華やかさ。だけど身近でいつでだって寄り添ってくれる安心感。ロイヤルホストみたいな人になりたい。なれないけれどそんなふうに思ったこともあるくらいだから、先日ご縁あって「福岡のセントラルキッチンを見学しませんか」とお声がけいただいた時、嬉しさの圧力で心がポップコーンになって弾け飛んだ。もう元に戻ることはないだろう。

ロイヤルホストの心臓部、そして、ハイリーコンフィデンシャルなプライベート。一体何から驚けばいいのか。目に映るものすべてに感動と感謝があった。だってさ、大きなキッチンの中で彼らが何をしているかというと、コンソメを引いているんですよ。大量のお肉や野菜をたっぷり用意して、一から、コンソメを、作っているんです。大きな飲食事業会社ともなれば、料理のベースとなるコンソメを専門の業者に依頼することも少なくない。でも、ロイヤルホストはそれをしない。社の歴史や、創業者の思い、フランス料理への敬意や、味への飽くなきこだわりが、それをさせない。だからおいしいんだ。あのオニオングラタンスープの深い味わいの裏には自ら仕込み続けるコンソメの大きな鍋があるのだ。その事実を肉眼で確認できたことが、ロイヤルホストへのロイヤルな気持ちを更に強固なものにしてくれた。私は一生、ロイヤルのロイヤルカスタマー（自称）だ。

帰り際、創業家の方とご挨拶《あいさつ》（というか謁見?!）させて頂いた際「ホストでは……」と何気なくお話しされるので、え、ちょちょっと待って！と会話を遮らずにはいられなかった。ロイヤルホストの中枢ではロイヤルホストは〝ホスト〟呼びされていた。ホ、ホストって、めちゃくちゃかっこ良くないですか!?（滝涙）福岡県民は、ロイヤルホストのことをロイホでなくロイヤルと呼ぶ人が多く、私も敬意を込めてロイヤル様呼びをしていたのだが、まさか本家は〝ホスト〟呼びとはね……。完敗だ……（何に?!）。これからは私も、ロイヤルホストのことを、ホストと呼んでみたい。「ホストでごはん食べよ?・」「ホスト集合」「今、桜新町のホストにいる~」。……なんじゃそれ、という顔はしないでください。

ロイホに住みたい

宇垣美里

宇垣美里（うがき・みさと）

1991年、兵庫県生まれ。フリーアナウンサー・俳優。2019年にTBSを退社後、現在はドラマやラジオ、雑誌、舞台出演に加え執筆活動も行うなど幅広く活躍している。『アフター6ジャンクション2』（TBSラジオ）に水曜パートナーとして出演中。著書に、『風をたべる』『宇垣美里のコスメ愛』『愛しのショコラ』『今日もマンガを読んでいる』ほか。

一番好きなロイヤルホストのメニュー

ホットファッジサンデー

ロイヤルホストによく行く時間帯

お昼時からおやつ時にかけて

よく一緒にロイヤルホストに行く人

子連れの友人、もしくはマネージャーさん

好きな席

ゆったりとしたソファー席が好きです

ロイヤルホストへひと言

もっと店舗を増やしてください。
徒歩圏内にないのが辛いです

ずうっと、ロイヤルホストに行ったことがなかった。実家にいた頃は生活圏に店舗がなかったこと、そもそもファミレスに行く習慣がなかったこと、学生時代はなぜかいつもお金がなくて主食が玉ねぎだったこと……その諸々の要素が掛け合わさってロイヤルホストと邂逅《かいこう》せぬまま大人になってしまった。それが多分よくなかった。恋に狂うは若きに限るし、はしかは早めにかかるもの。十分大人になってからロイホに出会った私はもうこの衝動を抑えられない。時間があったらロイホに行きたい、できれば仕事はロイホでしたい、頼む、住まわせてくれ!!

きっかけはラジオ「アフター6ジャンクション」でご一緒している皆さまからの熱烈なプッシュだ。取材もかねて皆と一緒に他県の博物館へ出かけた帰り、どこかでお茶をしようという流れでひとりから零《こぼ》れた「通り道にロイホがあったら最高なのになあ」という一言をきっかけに皆から溢れるロイホへの愛、誇り、憧憬。曰く、ファミレスというジャンルを超越した存在感、季節の果物をふんだんに用いたパフェの完成度の高さ、料理はどれもこれもクオリティが高く、定期的に開催される世界各国の料理をロイホ風にアレンジしたフェアでは海外旅行気分も味わえるとのこと。オニオングラタンスープにはもはや実家みを感じているという力強い証言に、むくむくと好奇心が育っていくのを感じた。そんな夢みたいな場所、本当にあるんですか？

　初めてのロイホタイミングが訪れたのはその後すぐ。ドラマの撮影で訪れた郊外でふいに生まれた中空きの時間、「どこかで昼ご飯でも食べますか？」というマネージャーさんからのお誘いに「噂のロイホに行ってみたいなあ」とおずおず申し出た。あの時の自分の勇気を称《たた》えたい。ここから私のロイホ人生は始まったと言えるのだから。

　初めて訪れたロイホの景色もその時の感情も未だにはっきり覚えている。暖色のライトで照らされた店内、天井は思いのほか高く解放感があって、床に敷き詰められた絨毯《じゅうたん》が静かに足音を吸う。人々は思い思いにその空間を満喫していて、その落ち着いた雰囲気にふっと肩の力が抜けたのを感じた。家族連れも、老夫婦も、ひとりで食事を楽しむおじさんも、この場所を選んだのだ、という自負すら感じさせる余裕ある佇《たたず》まい。軽く甘いものでも食べようかな、と思っていたはずなのに、漂うジューシーな香りにたまらず二秒後にはがっつり食べることを決意していた。ダイエットはお預けだ。

　メニューを選ぶのも一苦労、どれもこれも魅力的すぎる。目をランランと輝かせながら一ページ一ページ吟味に吟味を重ね、十数分悩んだ末に選んだのは「ロイヤルオムライス with 天然海老《えび》フライ&紅ずわい蟹《がに》のクリームコロッケ」！　あれもこれも、と食いしん坊が好きなもの全部を詰め込んだようなそれは、まるで大人のお子様ランチだ。子どもの頃、テレビで見る度に憧れていたのになぜかあまり食べるタイミングのなかったお子様ランチ、あの頃の執着が今も背後霊のようにそこにある。だからだろう、運ばれてきた瞬間、思わず「わぁ！」と小さく歓声をあげて拍手してしまった。ほうっと夢見心地のまま食べ進めたオムライスは、バターの香りを纏《まと》った卵とほどよく解けたケチャップライス、コクのあるハッシュドビーフソースとの相性が抜群で、心の奥底に眠る（嘘、一番発言権は強い）女児が狂喜乱舞するのを感じた。エビフライも蟹クリームコロッケも大好きなのに、大人になってからなかなか食べる機会がなくてずっと寂しかったことに、この時やっと気づいたよ。

皆がお勧めするオニオングラタンスープは限界までトロトロに煮込まれた玉ねぎが山盛りに入っていて、それだけでもう贅沢《ぜいたく》。あの玉ねぎをきつね色と名付けた人に一等賞をあげますね。どうしたってスプーンにチーズがこびりつくけれど、それを歯でこそげ落とすのもまた一興。美味《おい》しいところを全部吸ってたっぷたぷになったバゲットをはふはふと頬張る。ああ、思わず漏れた溜息まで美味しい。

それから撮影で遠出する度、特に待ち時間の発生するドラマ等の撮影の時には必ず近くにロイホがあるかどうか調べるようになった。仕事は早めに終われば終わるほど嬉《うれ》しいはずなのに、近くにロイホがあると分かったら、「いっそ押してしまえ！」（押す＝スケジュールよりも遅れてしまうこと）と心の中で願ってしまうくらい。お食事もスイーツも楽しめるのはもちろんのこと、ドリンクバーを満喫しながら本を読んだって、パソコンを持ち込んで仕事の確認をしたっていい。チョコ好きを唸《うな》らせるバンホーテンのココアや豊富な紅茶の種類を前につい欲張ってしまって飲みすぎちゃうのが玉に瑕《きず》だけれど……。

最近は友人の多くが母となり、赤子と一緒に行きやすい店としてロイホに行くことが増えた。おむつ台もあり、ベビーカーでも席を融通してくれ、どの店舗に行っても、最初訪れたあのロイホと同じように落ち着いた丁寧な雰囲気だから、心なしか子どもたちも穏やかに過ごしてくれる。子どもが席に着くと持ってきてくれるバスケットに山盛りのおもちゃ。たとえ子どもが泣き出したってきっと白い目で見られることはあるまい、という安心感に私たち大人の心もほぐれる。日本は決して子連れに優しい場所ばかりではないからこそ、友人と気兼ねなく行ける店があることは、素直に嬉しい。

久しぶりのロイホ、となると絶対に選ばずにはいられないのが前述の「ロイヤルオムライス with 天然海老フライ&紅ずわい蟹のクリームコロッケ」a.k.a. 大人のお子様ランチだ。今日こそは他のものを頼もう！と決意していても、メニューを開いたらその力強い絵面に引き寄せられてしまう。

一か月以内に再訪できた時は、「黒×黒ハンバーグ」を選ぶ。熱せられた鉄板の上、じゅうじゅうと音を立てて運ばれてくるまん丸なハンバーグ。ナイフを入れた端から肉汁が零《こぼ》れ、しっかりと肉肉しい。小賢《こざか》しいことに、私は一部の冷凍ハンバーグが苦手だ。どういう工程でそうなってしまうのか分からないけれど、一部の冷凍ハンバーグを食するとどうしてもどこかから金物臭さを感じ取ってしまい、その後はもう金属の味のする肉の塊をなんとか胃に詰めるという苦行へと成り下がるのだ。そのため初めての店で食べるハンバーグはつい身構えてしまう。けれど、心配ご無用、ロイホのハンバーグは最強で最高だった。肉本来の旨味《うまみ》！ 粗目なひき肉の食感！ 特に好きなのは目玉焼き付きのブラウンバターソース。途中で黄身を割ると味変ができてまた楽しい。

あんまりたくさん食べられそうもないな、なんて時は「海老と帆立のシーフードドリア」が正解。届いてすぐだとまだ端の方がぐつぐつ沸騰しているから様子見が必要なのに、立ち上るチーズと海の幸の香りに我慢ができなくてつい一口ぱくり。毎回小さく火傷《やけど》してしまう。スプーンいっぱいに盛ったドリアにふうふうしている瞬間が永遠であればいいのにとすら思う。

その全ての締めとして外せないのがパフェだ。ホットファッジサンデー。初めて見た時はそのずんぐりとした器のデカさに圧倒されてしまい、食べきれるのか……?とたじろいだものだけれど、今はもう物足りなく感じるくらい。ああ、もぉっと大きな器に入っていたらいいのに！　濃厚なチョコアイスとバニラアイス、上にたっぷりとのった生クリーム。中にはバナナと歯ごたえ楽しいピーカンナッツに粗く砕いたビスケット。仕上げに別添えの温かいビターチョコレートソースを好きなだけかけたら完成だ。温かいチョコレートに呼応してとろりと形を変えるパフェの造形の神々しさよ。冷たいものに温かいものをかける、なんてのはちょっと悪いことをした時のような愉悦がある。

最近は新しい果物を主役にしたパフェの到来で、季節の移ろいを感じているような気すらしている。ちょうど今はメロンからマンゴーへと主役がバトンタッチしたところ。特に好きなのはやっぱり苺の季節かな。ああ早く季節が廻《めぐ》らぬものか。そしたら新しいパフェを食すために出かけるからさ。私はロイホに行く理由が欲しいのだ。

BEVERAGE
Royal Host
夜更かし
しちゃいました…
よくねむれましたか
ロイヤルホストに住む
宇垣さん

未知のおいしさに出会える場所

稲田俊輔

稲田俊輔（いなだ・しゅんすけ）

1970年、鹿児島県生まれ。料理人、文筆家。南インド料理店「エリックサウス」総料理長。著書に、『人気飲食チェーンの本当のスゴさがわかる本』『南インド料理店総料理長が教えるだいたい15分！本格インドカレー』『キッチンが呼んでる！』『現代調理道具論』『ミニマル料理「和」』ほか。

一番好きなロイヤルホストのメニュー

ビーフジャワカレー

ロイヤルホストによく行く時間帯

夜遅い時間

よく一緒にロイヤルホストに行く人

ひとりが多いです

好きな席

窓際、かつ店内が見渡せる席

ロイヤルホストへひと言

昔から大ファンです。
ロイヤルホストには、味のみならず、
レストランの美学や粋も教えてもらいました

僕にとってロイヤルホストの思い出は、子ども時代の幸せな記憶に始まります。外食好きな家族だったので、行きつけのお店はいくつかあったのですが、僕が一番好きだったのは間違いなくロイヤルホスト。何ならそれ以外だと少しがっかりするほどでした。

まだ「お子様ランチ」でもおかしくない年齢でしたが、僕はなからそれを拒絶し、大人と同じようなものを食べたがりました。もっとも、最初のうちは専らハンバーグです。ハンバーグは家でもよく作ってもらっていましたが、ロイヤルホストのそれは、やはり一味違いました。初めて食べた時は、ハンバーグの表面に焼き付けられた格子模様の焼き目にえらく感動したものです。そこから立ち昇る香ばしい香りは、お店に入った瞬間から感じる、ワクワクするような「レストランの匂い」そのものでした。

異なるソースでいくつかのバリエーションがあるのも嬉《うれ》しいポイントでした。僕が特に気に入ったのは、たっぷりのベシャメルソースがハンバーグの表面を覆い尽くしたものでした。ソースにはマッシュルームも入っていたような気がします。メニューの説明書きに「女性好みの……」というようなことが書かれていたのが、生意気盛りの男子としては少し気になりましたが、当時僕は世の中で女性好みと言われがちな食べ物がおおよそ自分の好みにも合うということを既に発見してもいました。ちなみにその傾向はその後も長きにわたって続き、今でも僕が好むお店は女性客の比率が高く、自分が作るお店もやはりどちらかと言うと女性客主体になることが多いようです。

そのベシャメルソースのハンバーグには、確か「フランス風」だか「パリ風」だかの惹句《じゃっく》が書き添えられていた記憶がありますが、メニューには他に「アメリカ風」というものもありました。そちらはソテーした玉ねぎとベーコンが添えられていました。気にはなりましたが、その無骨な風情がなんだか自分好みではないような気がして、気になりつつも結局一度も頼まず仕舞いでした。当時はそれのどこがアメリカ風なのかはさっぱりわかりませんでしたが、今になって思えば、本場のワイルドなハンバーガーにそのまま挟まっていてもおかしくない、そんなイメージの仕立てということだったんだろうなと納得です。

「カルカッタハンバーグカレー」も、フランス風ハンバーグと双璧《そうへき》を成すお気に入りでした。ハンバーグとカレーが一緒に食べられるなんて、子どもにとっては夢のような話です。カルカッタというのはインドの地名ということのようでした。子どもなりに、カレーだからインドか、と単純に納得していましたが、実はもっと深い意味があったことを、その三十年後に知ることになります。イギリス植民地時代のインドのカルカッタ(現在のコルカタ)あたりでは、イギリス人向けのインド料理として、コフタカレーすなわちインド式のミートボールカレーが人気だったということを、インド料理の歴史をいろいろと学ぶ中で知ったのです。

そのカレー自体はもちろんインド風というわけではなく、今で言う欧風カレーでした。シンプルながら滑らかかつフルーティで、カレー自体を頗《すこぶ》る気に入ったのを憶《おぼ》えています。ちなみにおそらくこれとほぼ同じカレーに、これは約二十年越しに、ロイヤルホストと同じロイヤルグループのシズラーで再会しました。食べた瞬間、あのカレーだ！と思いました。味の記憶、恐るべしです。

もう少し成長した僕は、ある時気付きました。

「もしかしたらハンバーグなんて食べている場合じゃないのではないか？」

冷静にメニュー全体を見渡すと、そこには僕の食べたことがない、想像もつかない料理もたくさん並んでいたからです。だから僕が初めて粗挽《あらび》きのパリッとした肉汁あふれるフランクフルトソーセージに出会ったのはロイヤルホストでした。ソーセージ自体もさることながら、そこに添えられていた粒マスタードに感激しました。生まれて初めて羊肉を食べたのも、ロイヤルホストのラムステーキでした。「羊はクセがあるからやめといた方がいい」という親の忠告に耳を貸さず、己の意志を貫いた当時の僕を褒めてあげたいです。別にクセを感じることもなく、それは柔らかくていい香りがして、そしてそこにも粒マスタードが添えられており、僕はやっぱり感激しました。ただしこのメニューは、当時としてはやはりなかなか一般的には受け入れられなかったのか、次に来た時はメニューから消えていました。あんなに悔しかったことはありません。
ケーキ屋さんよりおいしいチョコレートケーキには、ホイップクリームがたっぷり添えられていました。子ども心にもなんて洒落《しゃれ》てるんだろうと思いましたが、それが本場のザッハトルテのスタイルを踏襲したものであったことにも、やはり随分経ってから気が付きました。オニオングラタンスープという不思議な料理にもその頃出会いました。これは今に至るまで大好物です。サラダに添えられる香り豊かなグリーンゴッデスドレッシングでは、ハーブの魅力を知りました。ロイヤルホストに行けば、それまで知らなかった新しいおいしさに出会える。僕はますますロイヤルホストが好きになりました。

今となっては、ロイヤルホストで未知の味に出会うということは、さすがに滅多になくなりました。僕はあまりにもいろいろな食べ物を知りすぎてしまったのかもしれません。もちろんそれでもやっぱり通い続けています。特に仕事で夜遅くなり、でもやっぱりきちんとおいしいものをゆったりくつろいで食べたい、そんな時は自然と足が向きます。数年前、当時は深夜営業をしていた渋谷のお店で、夜中過ぎからフルコースを楽しんだこともありました。ジャンボマッシュルームのサラダなど数品の前菜とスープ、メインはアンガスサーロインステーキ、そしてビーフジャワカレーと季節のパフェも。料理ごとにグラスワインも色々楽しみ、夢のようなひと時でした。

もちろん毎回そんな豪遊をするわけではありませんが、忙しかった日の最後の一区切りとして、ロイヤルホストは最高の場所です。そんな時によくビールと共に最初に頼むのは「食いしんぼうのシェフサラダ」です。全くもって僕のためにあるような一皿です。

ある時近くのテーブルに座った、やはりいかにもさっきまでバリバリ仕事していましたという風情の女性が、蟹《かに》ののった「ジュレ&フラン仕立て」、「オマール海老《えび》のクリームスープ～BISQUE～」、「クラブ&シュリンプロール」、という海老蟹づくしの見事な組み立てを、白ワインと共に優雅に楽しんでいました。こんな感じの一人客を、この時間帯にはよく見かけます。

このクラブ&シュリンプロールという名のサンドイッチは、僕も大好きな一品です。小ぶりな山形のパンに海老と蟹がたっぷり詰まり、そこにエスカリオンの代わりと思われる小葱《こねぎ》があしらわれて、さらにホースラディッシュソースが添えられる、どこかカリブのクレオール料理を思わせる素晴らしい一品です。これだけ食の情報があふれた現代においてもなお、ロイヤルホストはこういう新しいおいしさを、どこからともなく見つけ出してきてくれるのです。

先日は珍しく、普通のディナータイムに訪れました。満席の店内で、隣のテーブルは家族連れでした。小学校低学年と思《おぼ》しき男子は、オマール海老にかぶりついていました。聞くともなしに会話が聞こえてきます。どうもそれは彼にとって初めてのオマール体験だったようです。彼は殻からめりめりと引き剝がしたオマールを頰張り、興奮気味に「おいひー!!」と、えらくテンションを上げていました。

まるであの頃の自分を見ているようで、なんだかすごく嬉しくなりました。

ザッハトルテの
スタイル
フランス風
カルカッタ

家族レストラン

ブレイディみかこ

ブレイディみかこ

1965年、福岡県生まれ。ライター。2017年『子どもたちの階級闘争』で第16回新潮ドキュメント賞を、19年『ぼくはイエローでホワイトで、ちょっとブルー』で第2回 Yahoo!ニュース|本屋大賞ノンフィクション本大賞などを受賞。著書に、『ブロークン・ブリテンに聞け』『他者の靴を履く』『転がる珠玉のように』『地べたから考える』ほか。

一番好きなロイヤルホストのメニュー

ビーフシチュー。
メインになるサイズを復活させてください

ロイヤルホストによく行く時間帯

さまざま。日本に帰国しているとき

よく一緒にロイヤルホストに行く人

家族

好きな席

どこでも

ロイヤルホストへひと言

ぜひ英国に進出してください

ロイヤルホスト一号店は、一九七一年に北九州市にオープンした店舗ということになっている。

しかし、わたしにとっての一号店はそれより前からあった。福岡市中央区天神の新天《しんてん》町《ちょう》に存在していたロイヤルだ。むろん、ロイヤルホストの名前を持つレストランとしての一号店は北九州市だろう。が、ロイヤルホールディングス株式会社のサイトのヒストリーにも「一九五九年　福岡新天町に大衆的なファミリーレストランの一号店オープン」と記してあるように、こちらこそ元祖ではないか。少なくとも、福岡市出身の中高年の多くはそう思っているのをわたしは知っている。

新天町店がオープンする前にも、福岡市の東中洲にロイヤルは存在していた。が、そちらは高級レストランだったので、「私も一生に一度はロイヤルで食事をしてみたい」と靴磨きの女性が言ったことが、新天町に大衆的なレストランをオープンするきっかけだったという。

その「福岡市民にとっての一号店」に、子どもの頃、わたしは母親と一緒に行った。わが家はお金がなかったので、大衆的なレストランでも年に一、二回しか行けなかったが、母親の憧れの店だったようで、いつも父親に内緒でこっそり連れて行ってくれた。

母親はコスモドリアが大好きで、わたしはハンバーグやビーフシチューを食べ、お楽しみはデザートのCCブラウンサンデーだった。

ふだんは外食と言っても、田舎のうどん屋とかラーメン屋ぐらいしか行くことがなかった子どもにとり、ファミリーレストランとはいえ、新天町のロイヤルに行くのはちょっとしたイベントだった。店の中にある大きな螺旋《らせん》階段もふかふかの椅子も、西洋の映画の中の世界のようだった。一番いい服を着て、いつもよりしっかり化粧を施した母親が「今日は好きなものを食べなさい」とにっこり微笑《ほほえ》むと、なんだか母ちゃんはいつもより若くてきれいだなと思ったのを覚えている。わたしの母は若くして子どもを産んだので、考えてみれば、あの頃、彼女はまだ二十代だったのだ。前述の靴磨きの女性のように、貧しくても時にはお洒落《しゃれ》をしてレストランで食事をしたかったに違いない。いつも真っ黒に日焼けして、ワイルドに髪を振り乱して走り回っていた娘のわたしでさえ、その日はワンピースを着せられて髪にリボンを巻かれた。母親にとって新天町のロイヤルは、ハードな現実を忘れさせてくれる特別な空間だったのだと思う。

次のロイヤルに関する思い出は、スイートポテトだ。わたしは福岡市早良《さわら》区西新《にしじん》にある高校に通ったのだが、その近くにロイヤルがケーキやパンを売っている店舗があった。

当時、母方の祖母が西新に住んでいて、彼女がロイヤルのスイートポテトのファンだったので、学校の帰りにそれを買って祖母の家に遊びに行った。

わたしの祖母は、その頃は裕福ではなかったが、実は育ちがよくて気位の高い人だった。結婚してお金に苦労している娘（つまりわたしの母）のことを常に気にしていたが、本人には聞かず、孫のわたしから家の情報を引き出そうとした。心配で心配でたまらないくせに、そんなソフトな一面を素直に他人には見せない人だったから、「あんたのお母さんはバカだ」とか「ああいう人生の選択をしたらいかんよ」とか言って、母をしつこく批判した。祖母がティーポットでいれたトワイニングのダージリン・ティーを飲みながら、わたしはスイートポテトをもぐもぐ食べ、祖母の毒々しい小言を聞かされていた。ロイヤルのスイートポテトはいつも甘くておいしかったが、わたしにとっては、どこかほろ苦い家族の事情の味がした。

それからわたしも大人になり、英国に移住するまでは、福岡でも、東京でも、友人やその時々の恋人たちとロイヤルホストに行った。が、「福岡市民にとっての一号店」での思い出があるせいで、わたしにとってロイヤルホストはちょっと特別なレストランであり続けた。なんでもいいからさっと食べようというときには別の店でいいのだが、どうしても「ロイヤル」でなければならないときがある。それは、ちょっと気持ちが落ち込んだときだったり、生活が荒《すさ》んできたなと意識するときだったりした。わたしは母親のようにお洒落をして行くことはなかったが、気分をあげたいときのファミレスはロイヤルホストなのだった。

その後、(二十八年前から)英国に住んでいるが、実はこちらでも、「気分が落ちているときのロイヤルホスト」は続いている。当然ながら店には行けない。だからこっそり(これは以前、ラジオ番組で喋《しゃべ》って笑われたことがあるが)、夜中に自室のPCの前に座り、ロイヤルホストの最新メニュー電子版を隅から隅までじっと見ているのだ。これはけっこう、冷静に考えると不気味な姿かもしれない。だが、そのおかげで日本にいる人々より現在開催中のフェアや、開催予定のフェアについて知っていると思うし、販売一時休止になっているメニューについても詳しい。

ところで、これはわりと本気で言っているのだが、ロイヤルホストを英国に出店したらどうだろう。というのも、英国にはファミリーレストランというものがない。昨今の円安で続々と日本に旅行している英国人たちがそろって口にするのは、外食の安さであり、ファミレスの料理の種類の多さとおいしさだ。特に、すべて写真があるから、字が読めなくても一目瞭然にどんなものが出てくるのかわかる大判のメニューは称賛の的である。

ロイヤルホストが英国に出店してくれれば、わたしとロイヤルの歴史は続くことになるが、しかしよく考えてみれば、いまでも途絶えているわけではない。日本に帰省したときには行っているからだ。子どもの頃、母親から新天町のロイヤルに連れて行かれたように、いまはわたしも息子連れでロイヤルホストに行く。息子は小さい頃はハンバーグやクラブハウスサンドが大好きだったが、いまはステーキ一択であり、オニオングラタンスープつきのセットで食べて、最後はサンデーやパフェで締めることが多い。

特にわたしたちが重宝しているのは、福岡空港の国内線ターミナル三階にあるＨＡＫＡＴＡ洋膳屋ＲＯＹＡＬだ。窓際のカウンター席に座ると、下の階にある国内線出発保安検査場の前に並んだ人々の列を見ることができ、列の長さを見ながら息子と食事をし、タイミングを見計らって下に降りて行くのが習慣になっている。


しかしながら、昨年の初春、わたしは息子連れではなく、一人でそこに座り、保安検査場の入口の前に並んだ人々の列を見ていた。福岡で母の葬儀を終えて、東京で飛行機を乗り換えて英国に戻るところだったのである。いつもならオムライスを頼むところだったが、その日は母がいつも食べていたコスモドリアを注文した。

通夜や葬儀で、いろんな人がいろんな母との思い出を語ったが、そういえば、新天町のロイヤルで一緒に食事をしたときの母の姿は、わたしだけしか知らないのだと思ったからだ。

久しぶりに食べたコスモドリアは栗が甘くて、チーズがとろりと糸を引き、絶品だった。いまのわたしからすれば自分の娘ぐらいの年齢だった母親が、「おいしい」「幸せ」と嬉《うれ》しそうに笑いながら食べていた顔がありありと思い出された。

ファミリーレストランは大衆向けのレストランだが、それだけではない。文字通り、「家族レストラン」なのだ。親に連れて行かれた子どもが大人になって自分の子どもを連れて行き、親を送った後は親の好物だったメニューを食べながら故人を思う。そんな場所でもあるのだ。

わたしはコスモドリアを平らげてから、保安検査場前の列が短くなったことを確認して店の外に出た。そして色とりどりの料理の模型が並んだ入口のショーケースを横目で見ながら、今度日本に来たらあれを食べよう、こっちもいいなと、次回をもうせつなく夢見始めているのだった。

やっぱりロイヤルホストには、英国に出店してほしい。

ROYAL
ロイヤル
今日は母ちゃんきれいだ・・・

パラティー
1杯目

天神西通り店の朝食ビュッフェ

高橋ユキ

普段、刑事裁判を傍聴したり事件の取材をしたりして記事を書く仕事をしている私が、なぜロイヤルホストをテーマに執筆することになったかといえばおそらく「#ロイヤルホストを守る市民の会」が理由であろう。「#ロイヤルホストを守る市民の会」とは、普段の仕事とは全く関係のない、たわむれに思いついたタグであり、しかも私はその「#ロイヤルホストを守る市民の会」の代表を自称している。そんな説明をされても意味がわからないと思うので経緯を軽く振り返りたい。「ロイヤルホストを守る市民の会」というワードと共に初めてロイヤルホストのパンケーキの写真を旧Twitterにアップしたのが二〇二〇年五月。当時、ロイヤルホスト系列の店舗が大量閉店の恐れありといった報道が広まっていた。新型コロナウイルス感染拡大により飲食業界は大きな打撃を受けていたころだ。

私は常日頃から、打ち合わせ、また同業者との愚痴を言い合う場としてロイヤルホストに通っていた。とはいえ「#食べて応援」なるタグは、それを目にした人が「応援しなきゃダメなのかな」と圧を感じそうで嫌だ。そんなことをおぼろげながら考えた結果の「ロイヤルホストを守る市民の会」だった。

あとからタグにしてくれる方が現れ、今に至る。守る会などもちろん存在しないが、さも存在しているかのように装ってみたのである。「守る」といいながら防衛のための積極的なアクションをしないことも重要だった。ロイヤルホストに行くたび、このタグをつけてSNSに投稿しているうちに、広まって今に至る。代表を自称してはいるものの、目下、フェードアウトしようとしている。誰が広めたか知らないが、いつのまにかあるもの……みたいにしたいからだ。

前置きだけで記事のスペースを埋めてしまうところだった。私はロイヤルホストをテーマに各店舗の様子と人について書くような依頼を受けたので、私の故郷である福岡の店舗から始めさせていただく。

東京の人はロイヤルホストを「ロイホ」と略すが、福岡人は「ロイヤル」と称すのはもはや日本中に知られた話であろう。そんなロイヤルは天神・西通り沿いのリッチモンドホテル一階にあり、同ホテルの朝食会場としても使われている。くわえて、驚きのビュッフェ形式であり、パンケーキやオニオングラタンスープなどの人気定番メニューのほか、がめ煮や明太子といった九州の味も並ぶ。近年の福岡地裁・高裁の取材ではリッチモンドホテルを選び、一階のロイヤルでビュッフェ朝食を食べるのが定番となっている。

ただ、まさか未来の自分がロイヤルホストをテーマにルポ風エッセイを書くことになるとは想定していなかったため、当時、メモを取ることもしていない。撮影していた写真からせめてもの「ルポ」（辞書によれば「現地報告」）をさせてもらうと、前回ロイヤルの朝食ビュッフェを利用したのは二〇二四年一月。鳥栖《とす》市で両親を殺害した元九州大学の男子学生の控訴審取材のためにリッチモンドホテルに泊まった。

ビュッフェは和洋とメニューが揃《そろ》っており、特にロイヤルホストの和風メニューが多数並んでいる珍しさから、気を緩めると統一感のないチョイスとなる。和風にするか、洋風にするか。前日夜には心を決めておいたほうが良い。決めていたとしても、ビュッフェに気持ちが昂《たかぶ》り、多少の乱れは生じてしまうことだろう。実際私はこの日、洋風と決めていたがアジの南蛮漬けを皿に載せてしまった。あれもこれもと選んだ結果、満腹になってしまうのだが、さらにコーヒーも飲んでおこう、などと、店舗内で無理をする必要はない。出入口に持ち帰り用のコーヒーが備えられているからだ。客室に戻ってゆっくりと準備しながらコーヒーを飲み、そして西鉄バスで六本松に向かう。

一番好きなロイヤルホストのメニュー

アンガスサーロインステーキピラフ
（ドミグラスバターソース）

第２章

あこがれて

ねえ、夜のロイヤルホストを見に行こう

古賀及子

古賀及子（こが・ちかこ）

1979年、東京都生まれ。エッセイスト。著書に、『ちょっと踊ったりすぐにかけだす』『おくれ毛で風を切れ』『気づいたこと、気づかないままのこと』『好きな食べ物がみつからない』がある。

一番好きなロイヤルホストのメニュー

食いしんぼうのシェフサラダ

ロイヤルホストによく行く時間帯

13時ごろ

よく一緒にロイヤルホストに行く人

友人のナオキさん

好きな席

国道が見える席

ロイヤルホストへひと言

なにもかもがおいしくてありがとうございます！

夜、自転車をこぎ出すと昼よりも速く感じる。ロイヤルホストを見に行く。大通りをしばらく、それから細いバス通りに入る。まっすぐこぎ続けると幹線道路にたどりついて、その道沿いに、一階が駐車場で二階が店舗の造りのロイヤルホストがある。暗い道をトラックやタクシー、乗用車がびゅんびゅん行ききする道の向こうで、全体をぼうっとオレンジ色に光らせている。煌々《こうこう》としながらもやわらかい明かりのなか、店内でくつろぐお客さん、立ち働く店員さんが見える。観葉植物の緑が明るい。

夜のロイヤルホストを見るときは、近くまで行かず、道の向こうからひとつの景色としてながめる。とくに何かを確認することもなく、ただ見る。何分も見るわけじゃない。数十秒くらいかもしれない。きれいだなとわかったらもう帰る。そういう、これは趣味なのだ。

自宅から自転車で二十分くらいのところにロイヤルホストが何軒かある。中高生時代をすごした埼玉の山の中ではこうはいかない。私は不器用で、田舎の暮らしにうまく自分を沿わせることができなかった。転がって逃げるように東京へやってきた。だから、都市に暮らすからこそ受けられる種類の恩恵は心底うれしい。

大通りには出ずに、街灯の明かりが道に落ちる住宅街を抜けたところにふっと現れる店舗にも夜に行く。誰もいない小さな公園や小学校のグラウンドを横目にゆっくり漕いでたどりつくこの店は、二階建てではなく駐車場が店舗の建物のとなりにある一階建てのタイプだ。大きな平屋のお屋敷みたいにずっしり根を下ろすように建つ。それほど幅の広くない道に面して、通り過ぎる車たちに対して控えめに、店内のライトのひとつひとつの明かりが外から数えられるように発光する。

一番好きなのは、大通りをずっとまっすぐ走って、坂をのぼったところに建つマンションの、一階部分に埋まるようにはまりこんだ店舗だ。マンションの窓のひとつひとつが闇に向けて白く明るいいっぽうで、ロイヤルホストの部分だけがオレンジ色に光る。重量を感じさせながら暗い道を行き来するトラックの圧倒的な現実性とオレンジの光が、視界のなかで不思議と結びつかない。別の世界としてある。現実の実感のしっかりある、それは非現実だった。

夜のロイヤルホストを見に、夏も冬も自転車で走った。

夏は暗がりのなかに昼に注いだ太陽光のきびしさが残って生ぬるく蒸した湿気を、自転車の車輪と、漕ぐ足の回転でかきわけるみたいに進む。風が髪をかき上げて毛の隙間を抜けて地肌が涼しい。冬は耳たぶがちぎれないように首から耳の半分までマフラーできつく覆って、最初だけ、寒いのをこらえる。徐々に体の真ん中の部分から血が巡って温かくなって吐く息が背後へ背後へ白く流れた。

中学生の頃、冬が来て日が短くなると、登下校を一緒にしていたグループの中のひとりが「ねえ、夜景を見に行こう」と言い出すことがあった。同じ中学校に通う私たちは全員が山を切り拓《ひら》いて創り出されたニュータウンに暮らしていた。山麓から中腹まで、斜面にびっしり一軒家が並ぶ。中学校はその全ての住宅街を見下ろす山頂の近くにある。中学校を通り過ぎて山を登り切ったところで後ろを振り返ると、私たちのニュータウンがまばゆい光になって暗闇に現れる。きれいだね、きれいだよねと、私たちは言うだけ言って山を降り、斜面に建つそれぞれの家に帰った。

でも私はちょっと、きれいだけれどそれが何だろうと生意気なことをずっと思っていたのだった。そもそも「夜景」とは、もっとこう、ちゃんとした景色であってこそそう呼べるものなんじゃないか。夜景っていっても、私たちの家じゃんと思った。どう興奮していいのかわからなかった。

その後、東京に出てきて、アルバイトを終えて夜、自転車を漕いで自宅に戻る途中の道にロイヤルホストがあった。独特の邸宅のようなたたずまいは昼もかっこいいけれど、夜は別の時間のなかにあるように見えた。一切が片付いて、まったくおさまりがいい。生真面目で安定していて、落ち着いている。にぶくオレンジに輝いて包まれて、なかにいる人たちがみんな、守られているように安心に感じた。何も起きない物語のような空気が流れて、うっとりするでもなく、ただ、いいなと思った。

酔狂にも、わざわざ夜の家から自転車を漕ぎ出してロイヤルホストを見るためだけに出かけるようになったのは、アルバイトをやめてから何年もあとのことだ。ふたり子どもを産んで、まだ小さな彼らの世話で手がいっぱいの頃だった。

夜になって、子どもたちが寝て、自分ももう眠って明日に備えたいのだけど、ちょっとだけあのときの私は悔しかった。今日も子どもたちを見守って生かすことができて、会社の仕事もなんとかまとめた。十分だけど、なんだかそれだけじゃちょっと悔しい。あまりいろいろ考えるつもりも気力もなくて、でも体だけは妙に動けた。

「ねえ、夜景を見に行こう」

ピンときた。こういうとき、光る景色は見るものなんじゃないか。友だちに誘われて判然としない気分で山の上から見下ろした家々の光を思い出した。きらきらまたたく私たちの家と、自転車で通りがかりに見たオレンジに光るロイヤルホストが、「夜景」として重なった。

子どもたちと夕食はすませたあとだから、ただ行ってながめて帰って、帰ったら寝た。ただの趣味として可笑《おか》しなことをしているのが、ちょっと誇らしかった。

ながめるだけながめておきながら、実はロイヤルホストの店内に頻繁に入るようになったのは最近になってからだ。小さな子どもたちを連れて自転車で二十分走るのは難しく、家族で訪れるタイミングは逃したまま。数年前にロイヤルホストの人ファンだという友だちができて、彼女に連れて行ってもらうことでやっと行きつけるようになった。

私たちは平日の昼に自転車で集まる。意気揚々と席に案内してもらってメニューを開いて、今日はデザートまで食べたいからあんまり満腹にしないように、選ぶのは「食いしんぼうのシェフサラダランチ」にしよう。満腹にしないように……とはいえ、このサラダには海老《えび》もチキンもついてくるから満足感は十分だ。ランチスープは三三〇円足せばオニオングラタンスープにできてしまう。私たちは目くばせをして必ずスープを変更する。

デザートは、小さなサイズをありがとうございますと、深々とお辞儀をしたくなるほどろにがカフェゼリーがちょうどいい。ドリンクバーでコーヒーを飲んで、パラダイストロピカルアイスティーも飲む。どのテーブルもなんだかみんなゆっくりしている。この日はとなりの席で会社勤めだろうか、スーツの男性の三人組がそろってステーキを食べたあと、コーヒーを飲んで帰っていった。何かいいことでもあったのかな。

夜に見た、闇に光るロイヤルホストの写真がせめて残ってやしないかと、当時の写真を探してみたのだけど、カメラロールには今はもう中学生と高校生になった子どもたちの幼児のころの写真ばかりで夜の写真はどこにもない。もうスマホは持っていたはずだから写真くらい撮ってもいいのに、本当に見て帰るだけだった。まぼろしみたいな記憶だ。

あのころ、保育園に通っていた子どもたちと、気づけばあと何年一緒に暮らすのだろう。場合によってはもう数年かもしれない。自転車にまたがったまま道の向こうから光るさまを見たあのロイヤルホストは、三軒とも今も頼もしく営業を続けているというから、今すぐにでも家族で行っておくべきだ。

現実の実感のしっかりある非現実のようだとながめた夜のロイヤルホストが、いよいよ私にとって現実になるんだなと、思うけれど大したことではなくって、なんだか笑ってしまう。

Royal Host

石坂線と神楽坂

宮島未奈

宮島未奈（みやじま・みな）

1983年、静岡県生まれ。小説家。2023年『成瀬は天下を取りにいく』でデビュー。同作で、第39回坪田譲治文学賞、第21回本屋大賞を受賞。著書に、『成瀬は信じた道をいく』『婚活マエストロ』がある。

一番好きなロイヤルホストのメニュー

パラダイストロピカルアイスティー

ロイヤルホストによく行く時間帯

ランチタイム

よく一緒にロイヤルホストに行く人

夫と子ども

好きな席

石坂線が見える席

ロイヤルホストへひと言

えびとかにの入っていないメニューを
増やしていただけるとうれしいです

デビュー作の『成瀬は天下を取りにいく』が本屋大賞を受賞したことで、生活が変わったかとよく聞かれる。そのたびわたしは生活を変えないよう、滋賀から出ないようにしていると答える。

でも実は明確に変わったことがある。ロイヤルホストでドリンクセットを注文するようになったのだ。

『成瀬は天下を取りにいく』は滋賀県大津市を舞台にした小説だ。限りなくローカルな物語にもかかわらず、全国の皆さんにお読みいただいている。

なぜ滋賀県大津市を舞台にしたかといえば、わたしが住んでいるからにほかならない。大津駅は京都駅からJRの在来線で九分の距離だ。東京から来たお客さんは口をそろえて「京都から近いですね」と言う。

滋賀県の県庁所在地だからそこそこ栄えている……と思いきや、大津駅周辺は官庁街で商業施設や飲食店に乏しい。観光客で一年中にぎわう京都駅と比べると、逢坂山《おうさかやま》トンネルで別世界にワープしたかのように静かだ。高いビルもなく空が広くて、中央大通りを一〇分も歩けば琵琶湖岸に出る。

このあたりにはファミリーレストランがほとんどない。唯一といっていいファミリーレストランが、ロイヤルホスト浜大津店だ。

ロイヤルホストに行くと決まれば、前日からホームページをチェックする。グランドメニューをはじめとするすべてのメニューがデジタルブックで閲覧できるのはありがたい。見落としがないよう、画面を拡大してくまなく見る。

わたしは甲殻類アレルギーのため、えびとかにが食べられない。だからメニューとアレルギー物質一覧表を見比べて、食べられるものを確認しておく。

「〇〇が食べられないなんて人生の半分を損してる」という物言いは好きではないが、ロイヤルホストに限っていえばメニューの半分近くを損しているだろう。

しかしそれでロイヤルホストの魅力が失われることはない。わたしは何を食べるか迷いがちなので、選択肢が狭まってありがたいぐらいだ……と言いつつ、本当はコスモドリアを食べてみたい。


ロイヤルホスト浜大津店は京阪石山坂本線《いしやまさかもと》の島ノ関駅のすぐ近くにある。地元では石《いし》坂《ざか》線の愛称で親しまれる路線で、二両編成の電車が通勤客や学生を運んでいる。

ちなみに島ノ関駅の一駅隣がびわ湖浜大津駅である。店名につられてびわ湖浜大津駅で降りると、九〇〇メートルほど歩くことになるので注意が必要だ。

わたしが訪れるのはたいてい休日のランチタイムで、夫と子どもが一緒である。一階が駐車場で、二階が店舗だ。入口に続く階段を一段一段踏みしめるうち、ロイヤルホストへの期待がぐんぐん高まっていく。

南側の窓際に通されたらラッキー。島ノ関駅を発着する電車がよく見えるのだ。石坂線ではアニメや観光協会などとコラボしたラッピング電車が走っているので、ながめているだけで楽しい。

『成瀬は信じた道をいく』では主人公の成瀬あかりが、観光大使のパートナーである篠原かれんとロイヤルホストで作戦会議をする。

第一稿では別の場所だったのだが、かれんが比較的裕福な家の生まれであること、鉄道が好きであること、石坂線沿線に住んでいることを考えたら、ロイヤルホスト浜大津店しかないと気付いて変更した。ちなみに二〇二四年一二月現在、本屋大賞を記念した『成瀬は天下を取りにいく』のラッピング電車が期間限定で運行している。自著のキャラクターを載せた車両がロイヤルホストから見えるなんて、なんとも感慨深い。きっと鉄道好きのかれんも張り切って写真を撮っているだろうと、想像がふくらむ。

すでに前日からメニューを予習しているはずなのに、店頭のメニューを見ると再び迷い出す。えびとかにが入っていないメニューだけでもこの調子だから、アレルギーがなかったら小一時間は迷うだろう。

幸いにして夫も子どもも気が長く、メニューを見ながら「やっぱりこっちにしようかな」「これもいいな」と一緒に迷ってくれる。

いざ食べたいものを決めて注文したら、最後に「ドリンクセットで」と付け加える。以前のわたしは無料の水を飲めばいいと思っていた。これぐらいの贅沢《ぜいたく》は許されるだろうという気持ちが、四四〇円に込められている。

ドリンクセットという名称もいい。つまりはドリンクバーなのだが、ドリンクセットと呼ぶことによって食事がワンランクアップしたような感覚になる。

一連の注文が終わると、子どもとともにいそいそと席を立つ。

ドリンクバーでまずグラスに注ぐのは、パラダイストロピカルアイスティーだ。これを飲むだけでもドリンクセットを注文する価値はある。芳醇《ほうじゅん》な味わいでありながらくどくなく、お冷《ひや》としても飲めるエース選手だ。

ドリンクセットを頼むようになってから、提供までの待ち時間が苦痛ではなくなった。地域にファミレスが不足しているせいか、休日のランチタイムは待ち時間が長くなることがある。そんなときでもドリンクセットを頼んでいれば、コーヒーを飲みつつ、持参した本を読んでゆったり待てる。

料理が出てきたら、あとは食べるだけだ。どうやらわたしはロイヤルホストにおいて、メニューやドリンク選びを楽しんでいるらしい。食べたいものはそのときどきで変わるから一押しのメニューは存在しないし、どのメニューもおいしいのは間違いないから安心して食べる。

食べ終わったらドリンクバーのバンホーテンココアをホットで味わい、お会計をして店を出る。

階段を降り、三分も歩けば琵琶湖岸だ。芝生の広場と遊歩道があり、広々としていて気持ちがいい。休日でも人が多すぎることはなく、食後の散歩に最適だ。

琵琶湖の景色を楽しみながらしばらく歩き、フレンドマートで晩ごはんの材料を買って帰る。なんてことない日常である。

二〇二四年四月一〇日、わたしは本屋大賞発表会のため東京の明治記念館にいた。会場にはたくさんの書店員さんや出版関係者が詰めかけており、滋賀で過ごす日常の対極に位置するような日だった。

朝の六時台に出発して新幹線で移動し、午前中からリハーサルや取材に追われ、昼過ぎから発表会と懇親会、夜にはカラオケと、目まぐるしいスケジュールをこなした。

すべてが済んだ夜の九時過ぎ、どうしても甘いものが食べたくなり、行き着いた先がロイヤルホスト神楽坂《かぐらざか》店である。

期間限定の「苺とピスタチオのブリュレパフェ」を注文したところ、パフェ本体と、ピスタチオプリンが別添えで出てきた。

店員さんいわく、「パフェに入れ忘れたので別にお持ちしました」とのこと。パフェ容器は縁まで満たされており、つまりピスタチオプリンの分だけ増量しているのである。こんなイレギュラーな事態も本屋大賞のお祝いのような気がして、ありがたくいただいた。

ロイヤルホスト神楽坂店も浜大津店と同じ二階にある。窓から見えるのは夜でも明るくにぎやかな神楽坂で、石坂線をのぞむ浜大津店とはまったく異なる。

しかし店内に目を移せば見慣れた色調の内装が広がっていて、人々が思い思いのメニューを注文している。まるでロイヤルホスト浜大津店にいながら風景だけを神楽坂に取り替えられたかのようだ。

日常も非日常も包み込むロイヤルホスト。ピスタチオプリンをダイレクトに味わいながら、また明日からもがんばろうと思いを新たにしたのだった。

Congratulations!
~ささやかなピスタチオプリン~

ロイホがロイホであるために

村瀬秀信

村瀬秀信（むらせ・ひでのぶ）

1975年、神奈川県生まれ。ノンフィクション作家。著書に、『プロ野球最期の言葉』『4522敗の記憶』『気がつけばチェーン店ばかりでメシを食べている』『虎の血』ほか。

一番好きなロイヤルホストのメニュー

パラダイストロピカルアイスティー
フレッシュメロンボウルパフェ

ロイヤルホストによく行く時間帯

昼も夜も

よく一緒にロイヤルホストに行く人

編集者

好きな席

大塚駅前店右奥の物見《ものみ》櫓《やぐら》みたいな一角

ロイヤルホストへひと言

いつもお世話になっております。
これからもお世話していただけるとうれしいです

大塚くんだりにロイホがあってくれたおかげで、俺の人生はギリギリの潤いを保てている。

東京に出てきて二十余年。十年ほど前に七十五歳までの玉砕ローンで買ったネコの額の一軒家。最寄りのファミレスはロイホである。たいした出世だ。生まれ育った貧乏くさい家から含めて、引っ越しても引っ越してもロイヤルホストのない町からついに脱却した。

ロイホはいまや大塚における最高級レストランである。かつてファミレス御三家なんて言われたことも遠い昔。ロイホはここ数年の間にホスピタリティレストランとしての地位を揺るぎないものにした。それは駅前が再開発で劇的に整備され、駅ビルに某高級スーパーが入って、あのリゾートホテルが進出してきたとしても尚、世界が大塚だけを残して破滅すれば、ミシュランもグルマンも食べログおじさんからも評価を独占するレベルで、だ。

ロイヤルホールディングス東京本社（現・東京本部）がある桜新町から鬼門の位置に置かれた守りの要は、山手線で唯一、電車の中から見える北口の駅前一等地。空よりも高いR＆Bホテルの二階、レンガ造り（風）の階段を登っていくという、まるで中世のお城のようなエレガントエントランス。二重の自動ドアを奥へと進めば、レジ周りには店長と料理長の写真がお出迎え。そもそもの思想が違うのだ。ここは大塚の宮殿。シャンデリア（風）の暖かな照明の灯に、落ち着いたジャズのしらべ。

ここにはドリンクバーだけで騒ぎ立てるような輩《やから》はいない。なので、午後の優雅な時間に友人と語らうによし。落ち着いて読書をするにも、人生について思索を巡らせるもよし。もちろん仕事をするにも最高の環境だ。パソコンを忙しくカタカタやっている輩もいなくはないが、その割合は他のファミレスに比べれば皆無に等しい。なにせ電源は店の中央に「やりたければ、どうぞ」とばかりに“free charge”とだけ書かれたコンセントが二つだけ。その過不足の無さがホスピタリティレストランたるこの店の品位を高めているような気がしている。大きな窓から眼下の俗世を見渡す。相も変わらず、都電の荒川線がチンタラと走り、階下の山下書店は令和となっても二十四時間働きっぱなし。おにぎり屋には三時間の行列を為し、隣接するビルでは愛だ恋だを二十分三〇〇〇円で享受する。そんな俺らはギャザリング・プラッター（税込三八八三円）のロイヤル過ぎる語感の前に怯《ひる》み上がり、「シェアしてアペタイザーとしてもおすすめです」という注意書きに、「おうよ、任せろ！」と後退《あとずさ》りしていく。

「ロイヤル」。人はその響きに畏敬の念を抱く。その名を冠するだけでミルクティーですら高貴さを増す、ちょっとした贅沢《ぜいたく》。ひと握りの優越感。そんなものに浸れるご威光こそ「ロイヤル」成分の主な効用だ。

人生にロイヤルは不可欠である。人が愛なしで生きていけないことと同様に、毎日毎日社会という鉄板の上で焼かれるだけの生活に、錆《さ》び付き蝕《むしば》まれていく何かをやわらかにほぐし、満たしてくれる潤い。それがロイヤル。何も高級ホテルの一泊十万円のスイートルームに泊まるロイヤルを欲するわけじゃないのだ。日常という固定観念をささやかに超えてくるおもてなし。ロイヤルホストに行くということほど、これに合致する行為はないだろう。

ノブレス・オブリージュ。だからこそ中途半端な覚悟でこの敷居を跨《また》いではいけない。ロイホは高い。そして高いメニューほどロイホを感じられることも間違いない。ロイホにおける最強手。アンガスサーロインステーキ。コスモドリア、オニオングラタンスープ、パラダイストロピカルアイスティー、デザートにホットファッジサンデーはまさにロイヤルストレートフラッシュ。これを満喫できるのは貴族だとしても、メニューひとつ、付属のソースに至るまで、ロイホには明確な意図がある。

ドリアが食べたいのなら、二九九円のアレでいい。カレーが食べたいならレトルトで十分。違うのだ。「コスモドリアを食べたい」という明確な意志。「ビーフジャワカレーに浸りたい」という唯ひとつの欲求。それがロイホでなければ成立しない明確な理由にお金を払う。それは肉料理での最安値のチキングリルやポークステーキですら見せてくれた奇跡みたいな景色から、ポテトフライのアイオリクリームソースにおける上品なニンニクの風味に昂《たかぶ》った衝動、パンケーキの芳醇《ほうじゅん》なホイップマーガリンに冗談じゃないと心を蕩《とろ》かせた経験がそう言わせるのだ。

おまえのそれはメシではない。ロイホなのだ。だがしかし、受け皿たる者の感性がロイホではない限り、ロイホはロイホにならない。ロイホがロイホであるためには、ロイホらしくロイホをまっとうしなければならないのだ。

なんてエラそうに宣《のたま》ってはみたが、一番の愚か者は俺だ。こんな単純なことすら、理解できるようになったのはつい最近のことだ。

身近な王室、庶民に開かれすぎた王室は時に尊さを勘違いさせる。「あれ、もしかしたら自分たちも高貴な側なのか」と一億総人民が勘違いをしていた時代。ロイホが贅沢だとも思わず、非日常が日常となるまで堕落し、生き物として驕《おご》り、豊かな食という文化を冒瀆《ぼうとく》する。人間的な生活から逸脱していた、もはや遠い昔のように思えてくる。二十四時間営業が当たり前だったあの頃。

世の中はどうかしていた。俺もどうかしていた。ロイホも混沌としていた。「ロイホは高い」という部分でしか他のレストランと差別化できていなかった。ようやっと食えるようになっていた若手のライターだった俺は、当時から大塚のロイホに通っていた。階下の山下書店でしこたま本を買い、レンガの階段を毎晩亡者のようにせりあがっては、夜も朝も関係なく偉そうにそこに在った。面白い雑誌の企画は深夜のロイホから生まれるなんてあの時は嘯《うそぶ》いていたけど、目の前のハンバーグに感激もせず感謝すらできない人間から出て来たものなんて、明け方に隣の席の酔っ払いが吐き捨てたゲボと大差ない。昼間には輝いて見えていたアンガスビーフもホットファッジサンデーも、夜の闇は後ろめたさしか残さなかった。最後の最後まで抵抗していたドリンクバーが導入された時には「あぁ、ロイホもついに禁断の〝放題〟に手を染めたか」なんて倦《う》んだ体で一晩中トロピカルアイスティーに溺《おぼ》れていた。目の前にあるStandard Coffeeのドリップコーヒー、カフェオレ、そしてバンホーテンのココアの質の高さなんかには見向きもしないで。

人間、夜中に生きていちゃアカン。頭をかきむしり、血が出て、何度かさぶたがはがれて再生するほどの時間が経っても、真夜中にロイヤルなんてものが生まれることはなかったのだから。

二〇一六年。ロイホは全店舗で二十四時間営業から撤退する英断を敢行した。その後には新型コロナが世の中をめちゃくちゃにして、店舗もどんどんなくなってしまった。雑誌の数もウソみたいになくなり、並行して金もなくなり「自分の金で食べてはいけない三大外食」に焼肉・寿司と共にロイホが並んだ。だけど俺は救われたと思っている。この十年のうちに物質的に失ったものは数知れない。だが、そこでやっと気が付けたこともある。ホスピタリティレストランとは、食の豊かさ、心の豊かさを体現するお店であるという。その意味にやっと気が付けた俺は、今では打ち合わせや取材を受ける時、必ずロイホを指定する。頻度こそ月に二、三回になったが、前日から何を食ってやろうかと眠りに落ちるまで考える。ロイホが今も大塚にあり続けてくれたおかげだ。俺は以前よりも幸せを感じている。

Welcome to
Royal Host
当店の責任者は私共です
大丈夫かな…
ハァ

サザエさんはパーを出してる
来週が来ない人にも来るわたしにも

上坂あゆ美

上坂あゆ美（うえさか・あゆみ）

1991年、静岡県生まれ。歌人、文筆家。著書に、『老人ホームで死ぬほどモテたい』『地球と書いて〈ほし〉って読むな』など。

一番好きなロイヤルホストのメニュー

ドリンクバーのココアと
パラダイストロピカルアイスティー

ロイヤルホストによく行く時間帯

どうしても元気を出したい日の夜

よく一緒にロイヤルホストに行く人

友人、パートナー、母

好きな席

すみっこのテーブル席

ロイヤルホストへひと言

どうか末長く、一層のご繁栄を心からお祈り申し上げます高校一年の春が来るのを、私はずっと待っていた。

中三の冬に親が離婚した。名字が変わって、駅前の立派なビルからボロい団地へ引っ越した。母は離婚の手続きに引っ越し、新しい仕事、姉の退学手続きや私の入学手続き、私たちの日々の世話でとても忙しそうだ。

母には申し訳ないけど、私は離婚とか、引っ越しとか、学校とか、それらのことは全てどうでもいいと思っていた。高校生になったから、やっとアルバイトができるのだ。自分で自分のお金が稼げるようになる。誰にも文句を言われずに欲しいものが買えるだろうし、お金を貯めれば東京に行くことだってできるだろう。家族や学校とうまく馴染むことができず、地元が嫌で嫌でたまらなかったあの頃の私は、いつか東京に行くことだけが生きがいだった。だからアルバイトを始めることは、自由を手にいれるための最初の一歩のように思えた。


「母子家庭なので家族を助けたくて」という切り札によって、面接では無双した。アルバイトで稼いだお金はほとんど自分のことに使っていたのに、今考えれば大分嫌なガキだ。たくさんのアルバイトを掛け持ちするようになった中で、そのうちの一つがロイヤルホストだった。

ロイホで働きたかった理由は、制服が可愛かったから。当時の女性用制服はピンクのワンピースに白いエプロンで、チェーン店の中ではめずらしい可愛らしさと清楚感があった。私はどうしてもあれを着たかったのだ。履歴書を持って意気揚々と面接を受けに行くと、迎えてくれたホールの女性たちは皆、オレンジのシャツを着て茶色いスカートを穿《は》いている。あれ、ピンクのワンピースは……？　面接を担当した店長に尋ねてみると、どうやら私が応募する直前に制服が変更となったらしかった。内心ものすごいショックを受けた。「来週から来られますか？」と言われて、制服が変わったのでやっぱ辞めますとはさすがに言えず、私はロイホで働くことになった。

働き始めてから、料理がどれも本当においしくて驚いた。親が離婚する前に何度かロイホに来たことがあったけど、自ら色々な飲食店でバイトするようになって、改めてその他とは違うおいしさに気づいた。勤務中のアルバイトスタッフは賄いとして割引価格でメニューが注文できる。ただ手間がかかるメニューはキッチンスタッフに申し訳ないので、アルバイトはシンプルなワンプレート料理を頼むことが多い。私のお気に入りはビーフジャワカレー。ロイホは全体的にカレーのクオリティがめちゃくちゃ高くて、カシミールビーフカレーもすごくおいしいし、かつて期間限定で売っていたカレーパンもおいしかった。スパイスの存在を確かに感じる深みのある味で、これらのカレーにヨーグルトジャーマニーを合わせると、限りなく〝正解〟に近い味がする。カシミールカレーの方が値段が高かったので、当時の私は大体ジャワカレーをキッチンスタッフに頼み、ヨーグルトジャーマニーは自分で作って食べていた。一部のデザートメニューはホールスタッフが作ることになっていたからだ。

ロイホのパフェが大好きだ。大人になってからも、深夜にパフェを食べられる店は少なく、大抵ロイホのお世話になっている。以前観た映画で、パフェという名前は「perfect」に由来し、つまりパフェとは完璧な存在なのだという会話があり、深く頷《うなず》いた。当時はそんなことは知らなかったけれど、ホットファッジサンデーの上の方にチョコレートアイスを置くときの心地よい緊張感、そしてアイスクリームディッシャーをぎゅっと押し込んだときの、ふっくらとしたなんとも言えない感触を今でも覚えている。やっているうちに段々とコツが摑《つか》めてきて、器から少しはみ出そうな角度でチョコレートアイスを置くとシルエットが美しくなることがわかった。そうしてできた美しいパフェを提供するときは、自分が食べるわけじゃないのにすごく嬉《うれ》しい。さらにここにお客様が温かいチョコレートソースをかけることで、ホットファッジサンデーは完璧となる。

これがおいしくないわけがない。パフェの素晴らしさには味に先立つ美しさがあるのだということを、私はこのとき身をもって知った。

それからドリンクバー。私はココアとパラダイストロピカルアイスティーが大のお気に入りで、ロイホに行ったときは大体その二つをずっと往復している。ロイホのココアはバンホーテンココアを使用しており、ホットでもアイスでも味が濃くてすごくおいしい。パラダイスティーはフルーツの香りが豊かに広がって、食事と合わせてごくごく飲める。とくに暑い夏に氷をたくさん入れて飲むととんでもなくうまい。大人になって煙草を吸うようになってから「ARK ROYAL」という煙草に出会ったときは、ロイホのパラダイスティーの匂いだ、まるでロイホに来てるみたいだと感動して、吸わずに匂いを嗅《か》ぐために持ち歩いていることもあった。当時は、家で母が作ってくれる粉末ココアを湯で溶いたものしか飲んだことがなかったし、青か黄色の紙パックのリプトンしか知らなかった私にとって、これは「ココア」や「紅茶」という概念そのものを揺るがす出来事であった。

ロイホでアルバイトを始めて一年と少しが経った、暑い暑い八月のある朝。祖母が亡くなった。

以前から身体が弱い人だったから驚きは少なかった。だけど「ばあばなんて余命三年って言われてからもう十年も生きてるんだから」「このまま百年くらい生きるんじゃないの」なんてギャグを家族でいつも言ってたから、なんとなくこのままずっと生きてるんじゃないかと思ってた。ばあばは優しくてお茶目で、だけど自分を曲げない強さもあって、いつもおいしいものをたくさん作ってくれた。昨日までいたのに、今はもういない。ばあば。

大人たちは通夜の準備に慌ただしく動き回っている。私もバイト先のロイホに、祖母の葬儀で今日出勤できないこと、今週いっぱい休ませてほしい旨を連絡した。最後にちゃんとした挨拶《あいさつ》もできないままだった。東京に行くことばかり考えてないで、私はもっとばあばに会いに行けば良かった。

私が念願の上京を果たしてから、もう十四年も経つ。今日は友人の誕生日祝いとして、久しぶりにロイホに来た。東京に来てから私の生活圏には店舗がなく、あまり来られないでいた。

ガパオライスってメニューからなくなってしまったんだなとか、ドリンクバーが少し変わったなとか、色々思ったけど、ロイホは今日も抜群においしかった。友人はロイホにあまり来たことがないらしく、いちいち味に感動してくれて嬉しかった。新しくて刺激的なものもいいけど、まずは身近にいる人やものを大事にできる人になりたいと、オニオングラタンスープを飲みながら思った。

今年も、もうすぐ祖母の命日が来る。

・BEEF JAVA CURRY ・Hot FUDGE
SUNDAE ・PINK no Uniform
・PARADISE TROPICAL TEA
・ARK ROYAL ・YOGURT GERMANY
・ONION GRATIN SOUP ・ICE CREAM SCOOP
ARK ROYAL
Perfect.
Royal Hostの時代!!

パラティー
2杯目

雑談はずむ神楽坂店

高橋ユキ

「ロイヤルホストを守る市民の会」なるワードをSNS投稿し、しかも勝手にその代表を自称していたことが理由か、このたびロイヤルホストをテーマに執筆依頼をいただいた。よく行く店舗でよく会う人について の記録を綴《つづ》るという形式の思い出話である。

ここ数年、色々な人と打ち合わせやランチをする際、ロイヤルホストを利用することが増えた。相手のほうから「一緒に守りましょうか?」などと言ってくれたりもする。店を探すためにスマホでGoogleマップを小一時間眺める必要がなくなった。どのようなメニューがあるかも分かっている。場所選びで失敗することがないというのは大きな安心をもたらす。以前よりもいくぶん気軽に人を誘えるようになった。

さまざまな店舗を利用するうちに、会う相手によって行く店舗が固定されてきた。例えば、いつも新宿三井ビル店で会うAさんとは、大塚駅前店には行かない……といった具合だ。頭の中には特定の店舗に特定の人物が紐《ひも》づけられている。今回は神楽坂《かぐらざか》店、そして同店に紐づけられている能町みね子さんについて綴りたい。

最寄りは東京メトロ東西線神楽坂駅だろうと思いきや、実は東京メトロ有楽町線飯田橋駅からのほうが近い神楽坂店。ドリンクバーでいつも温かい飲み物をチョイスする能町さんとは、最近はもっぱら事件の話になりがちだ。我々は二〇二〇年から『非週刊女性ポパイ』(以下、女性ポパイ)というイベントを不定期に開催しており、その頃からイベントが近づくと神楽坂店にて会合を開いてきた。紹介文に〈最近の殺人事件、裁判事情、ベタ記事事件までを掘り返して〉とあるように、気になる事件や話題を勝手に深掘りして発表しあう。テーマがかぶってしまわないよう、開催が近くなるとロイヤルホストで顔を合わせ、互いのテーマをわずかに開示し合うのだった。時折「合同調査」と称して、特定の事柄について一緒に調査をすることもあり、神楽坂店はその話し合いの場にもなる。事件の話が一段落すれば、雑談もする。二〇二四年四月に開催された『女性ポパイ』のために待ち合わせたときのこと。季節のデザートは一年の中で最も楽しみにしているいちご。能町さんはどの季節でもブリュレパフェを選ぶ。私は苺のヨーグルトジャーマニーを頼んだ。いつもの鈍器のような分厚いガラスの器ではなく、ワイングラスに盛られてオシャレになっている。

この当時、私は青森・七戸町で起きた殺人事件を取材しており、近く現場に行くことを予定していた。青森の方言がよく分からず、困難な取材になることも予想していた。そこで、青森との二拠点生活をしている能町さんに教えてもらおうと企んでいたのだった。知りたかったのは「すっごい疲れた」の「すっごい」にあたる言葉。青森に限らず、あらゆる場所での取材において、会話の中でこの「すっごい」にあたる言葉をよく聞くからである。ちなみに博多弁では「バリ疲れた」、北九州〜筑豊地域では「でたん疲れた」などと言う。「すっごい」方言はなかなか面白い。

青森博士の能町さんに聞くところによると、私が取材で向かう地域では「たんげ」と言うらしい。「すっごい美味《おい》しい」は「たんげめ」。「私」のことは「わ」。ネイティブのような発音で丁寧に教えてくれた。青森の言葉を操る能町さんがかっこいい。

「いちご、たんげめ！」などとロイヤルホストで青森言葉を練習した私は、無事に青森取材をなんとか乗り切り、夜の飲食店でも勇気を出して「たんげめ」を使ってみたのだった。

ロイヤルホストによく行く時間帯
昼下がり
よく一緒にロイヤルホストに行く人
藤野眞功《みさを》さん

第3章

いつもの

夢も現実もある

能町みね子

能町みね子（のうまち・みねこ）

1979年、北海道生まれ。文筆家、イラストレーター。著書に、『雑誌の人格』『私以外みんな不潔』『結婚の奴』『ショッピン・イン・アオモリ』ほか。

一番好きなロイヤルホストのメニュー

ブリュレパフェ（各種）

ロイヤルホストによく行く時間帯

午後〜夕方頃

よく一緒にロイヤルホストに行く人

高橋ユキさん

好きな席

窓辺

ロイヤルホストへひと言

できれば北東北（青森）にも出店してください

子供の頃の大半を、北関東は茨城県、牛久《うしく》という街で過ごした。

今思い返すと、ちょうど、つまらない街だった。「ちょうど」というのは変な表現だけど、旧弊にしばられた窮屈な田舎というわけでもなく、もちろん都会というわけでもない。いま牛久と言えばよく語られる牛久大仏は、私が中学生のときにできたポッと出のものだし、誇れるほどの名産も名所もなかった。上野まで、鈍行の電車で一時間弱。東京も中途半端に近く、親に連れられて何度も行ったことがあるため、特に大都会に憧れるほどでもない。大好きになる理由も大嫌いになる理由もあまりない、のっぺりしたベッドタウンだった。

両親は北海道から出てきて、東京に通勤するために、この街に家を建てた。大黒柱はマイホームを持ってなんぼという、まだバブル景気も来ていない昭和の時代。我が家にはそこまでお金があるわけでもないので、父は東京の会社まで一時間弱の電車通勤を選び、東京からだいぶ遠くに家を建てた。そんな経緯だから、血筋的に縁のある街でもない。今でこそ太い道がたくさん整備され、郊外にショッピングセンターがいくつも建っているけど、引っ越してきた当初はあまりに何もないので愕然《がくぜん》とした、と両親は言っていた。

およそ外食というものをほとんどしない家だった。そもそも家族で食事ができるような飲食店が街にほとんどないし、経済的には中の下くらいだったと思われるので、小学生の頃は祖母も母も専業主婦としてずっと家にいて、当然のように朝昼晩と料理を作っていた。インスタントやレトルトのものが食卓に上がることすらほぼなく、私は「カップラーメンを食べてみたい」とせがんだことすらあった。

つまり、ちょうどつまらない街の、裕福でも、とびぬけて貧乏でもない、ちゃんとした家だった。

そんな街の、そんな家だからこそ……というべきなのか、小学生の頃、いちばん高級なレストランだと私が認識していたのはロイヤルホストだった。たぶん牛久では実際にいちばん高級だったんじゃないだろうか。

ロイヤルホストに行けるのはせいぜい年に数回。どんなタイミングで行っていたのか今となっては思い出せないけど、何か特別なときに行っていたはず。

ロイヤルホストは、ヨンマルハチとロッコクが交わる、世界一大きな交差点の角にあった。世界一大きいわけないいんだけど、私の目には世界一大きく見えたのだ。なにしろ、街に二本だけ走っている国道（ヨンマルハチ＝国道四〇八号、ロッコク＝六号国道＝国道六号）が交わっている場所なんだから。街外れで、家から歩いて行くにはかなり遠く、巨大なトラックがバンバン走るちょっと怖いところ。そこに行くときは、車に乗ってフレンドパチンコの角を曲がり、常磐線を越える陸橋をぐわんとのぼって降りる。すると眼下左側に、Royal Host と書かれた高くて細長い、ゆったりと回転する看板が見え、その完璧な景色に私はもうニヤニヤしている。車は私たち家族を乗せて、世界一大きな交差点の手前でスルリと駐車場に入る。

ロイヤルホストで頼むものは、メロンのシャーベットである。料理のほうは何を頼んでいたのかよく覚えていない。コスモドリアあたりを頼んでいたんじゃないかな。食事はなんでもいいんだ、とにかくメロンのシャーベットさえあれば。小学生の私は食事なんかよりデザートなのだ。

オレンジの中身をくりぬき、そこにシャーベットをつめたものと、半月状に切ったメロンの果肉の部分が全部シャーベットになったものと、メニューにはその二つが輝いて並んでいた。オレンジなんて誰が頼むんだろう、と思っていた。絶対メロンに決まってる。

その近くには「カシスシャーベット」という、謎めいた名前のものも載っていた。オレンジやメロンやイチゴやブドウではなく、カシスという聞いたこともない果物……かどうかもよく分からない何か。写真を見ると、色はブドウみたいな、でも、もう少し濃いような感じ。カシス……気になる。でも、結局いつもメロンシャーベットの形状の魅力と量の満足度に負け、メロンシャーベットを頼んでしまう、カシスがなんなのかはずっと分からずじまい。

こういった思い出全部が、ガラスケースというよりも寒天のようなシェルターで守られて、今でも私の頭のどこかに浮いている。鉛筆画風の、現実離れした光景になりつつある。

ロイヤルホストは大好きではあったけど、何かと比較してあの店よりも好きということはなく、唯一無二の「大好き」だった。デニーズよりすかいらーくより好き、マクドナルドより好き、みたいなことはない。なぜなら、ないからである。知らないし、行ったこともないからである。ロイヤルホストはファミレスではなかった。外食チェーンでもなかった。ロイヤルホストはロイヤルホストでしかなかった。

巨大でゆっくりとした、たいへんに昭和的な社会の流れの中にあって、狭い狭い、瀞《とろ》のような場所にいた。思い返すと嘘のように幸せな空間だった。

その後私は、いろいろなファミレスを知り、いろいろなおいしいものを知り、それなりに悩み、それなりに社会に翻弄され、ロイヤルホストのことは頭から消えかけていった。高校生の頃にスピッツが大ヒットし、CDを買った。「ナナへの気持ち」という曲の中に「街道沿いのロイホで」という歌詞が登場し、いつのまにかロイヤルホストが「ロイホ」と略されていることを知った、そのときには特にこれといって感慨もなかった。


上京し、実家に帰り、再上京し、牛込《うしごめ》の矢来町《やらいちょう》に住んだ。

一つ、本でも出して稼ぎたいと思い、そのとき流行っていたブログ本ブームに乗るつもりでブログを始めると、ブログ開設から三か月程度で早くも竹書房から書籍化オファーのメールが来た。当時、竹書房は飯田橋にあり、私の家も近かった。近場で顔を合わせて打ち合わせしましょう、ということになり、先方が場所を提案してきた。

「神楽坂《かぐらざか》にあるロイヤルホストでどうでしょうか」

ロイヤルホストは、急に私の元に戻ってきた。

私が今のような書きものの仕事をスタートしたとき、ロイヤルホストが久しぶりに関わってきてくれたのだ。

ロイヤルホストは長い年月の間に、子供の私がメロンシャーベットを食べるための夢のような空間から、大人の私が日々の仕事の打ち合わせをするためのきわめて現実的な空間へと変化していた。長年かけて、また近くに来てくれた。

夢の空間だった牛久のロイヤルホストがずいぶん前に閉店したことは分かっていた。数年前にふと、あの場所がどうなったのか気になって地図でチェックしたところ、ヨンマルハチとロッコクの交差点には「焼肉きんぐ」があるらしい。

もう跡形もないのか……と寂しくなりつつも、グーグルストリートビューで見てみると、建物の形にどことなく見覚えがある。これは、もしかして居抜きなんじゃないだろうか？

実家に寄り、両親を誘って久しぶりにロイヤルホスト……の、跡地に行ってみた。大人になったはずの私はいまだに車を運転できず、父の運転であの場所へ。フレンドパチンコももうない。陸橋を越えても、回転する看板は見えない。世界一大きな交差点は、どこの街でも見るような郊外の殺風景な交差点になっていた。

「焼肉きんぐ」は、あのときのロイヤルホストの建物そのままだった。トイレの位置、窓の感じ、これはまちがいない。ただ、ノスタルジーに浸ろうにも、ここは北関東のチェーンの焼き肉店。元気な子供が跳ね回るファミリー層と、不良っぽくて荒っぽい団体客とでぎゅうぎゅうに繁盛していている。やかましくてせわしなくて、落ち着かない。

私の夢の空間の名残なんか上からかき乱して塗りつぶす喧噪《けんそう》に笑えてきた。「ロイヤルホストの跡地を確かめに行きたい」という目的は教えているものの、珍しく私が誘ったもんだから両親もちょっと高揚していて妙に楽しそう。なにせ当時はロイヤルホストしかないような街だったので、家族で焼肉に来たことなんか一度もなかったのだ。焼肉だからどう頼んだってだいたいおいしい。問題ない。子供の私も大人の私も、問題がない。

夢のロイヤルホストがなくなっても、現実のロイヤルホストは元気でやっている。神楽坂のロイヤルホストはまだあそこにあって、今も打ち合わせやおしゃべりに使っている。たまに深夜まで居座って、ちょっと古めかしい閉店の音楽とアナウンスが流れてくると、こんな時間まで店にいるなんて大人になったね、といまだに思う。

CASSIS
MELON SHERBET
だれがオレンジなんか
頼むんだろう……

ロイヤルホスト慕情

織守きょうや

織守きょうや（おりがみ・きょうや）

1980年、イギリス・ロンドン生まれ。小説家。2012年『霊感検定』で第14回講談社BOX新人賞Powersを受賞し、デビュー。15年『記憶屋』で第22回日本ホラー小説大賞読者賞を受賞。著書に、『花束は毒』『彼女はそこにいる』『隣人を疑うなかれ』『まぼろしの女　蛇目の佐吉捕り物帖』ほか。

一番好きなロイヤルホストのメニュー

難しい……。パンケーキかな……

ロイヤルホストによく行く時間帯

自由業なのでばらばらだけど、
18時頃、夕食の時間が比較的多い

よく一緒にロイヤルホストに行く人

同じく自由業の友人たち（小説家とか漫画家とか）

好きな席

窓際のボックス席

ロイヤルホストへひと言

英国フェア、是非またやってください

私にとって外食チェーンのファミレスは、愛すべき日常の一部だ。しかしその中でロイヤルホストは、よそいきとまではいかないまでも、ちょっとだけ特別感のある場所だ。ロイヤルホストの思い出を書いてほしい、と依頼をいただき喜んで受けたはいいものの、どのエピソードを書こうか迷うくらいにはたくさん思い出がある。

たとえば、近所の店舗へモーニングを食べにいったことがある。新型コロナウイルスの自粛期間が明けてしばらくして、まだ外食には少しためらいが残っていた時期だった。久しぶりの外食をするにあたり、平日の朝に、駅から離れた場所にある店舗で食事をするのなら大丈夫ではないかと考えてのチョイスだった。ロイヤルホストはモーニングのメニューが豊富で、たまご料理やパンを選べ、スープをアサイーボウルに変更できるなど、自分好みのセットを作ることができる。私はほぼ迷いなく、オニオングラタンスープとサラダつきの、ロイヤルホストモーニングをチョイスした。しかし、パンについては難しい選択を強いられた。モーニング英国風パンにするか、プラス二二〇円でパンケーキに変更するか。

英国風パンは、ふんわりとした小さな山形食パンで、切っていないまるごとが出てくる。ふかふかの焼きたてを手でむしって、まずはそのまま味わい、それからおもむろにバターやジャムをつけて食べるのは、最高に贅沢《ぜいたく》な朝食のありかたと言える。その一方で、パンケーキは、「ロイヤルホストといえばパンケーキ」と言っても過言ではないほどの人気メニューだ。主役級のそれを朝食の一部として食べるというのもまた、こんなときしか許されない贅沢である。私は迷いに迷ったが、最終的に英国風パンを選んだ。たまご料理やソーセージとの相性を重視したのと、そのメニューに加えてパンケーキを食べるのはカロリー的にわんぱくが過ぎると考えたためだ。パンはとてもおいしくて満足したものの、次はパンケーキを食べに来なくては、と再訪を決意したのを覚えている。「一日のはじまりにゆったりと心豊かな朝食をどうぞ」というコンセプトにぴったりの、実に贅沢な朝食だった。

ロイヤルホストで英国フェアをやっていることをSNSで知り、友人と連れだって出かけたこともある。何皿も注文してシェアして、おいしいものをおなかいっぱい食べた。おなじみのフィッシュアンドチップス、コテージパイやコロネーションチキンなど、英国出身である私から見てもロイヤルホストの英国料理はクオリティが高かった（なんなら本国のものよりおいしい）。英国フェアは定期的にやってほしい。

しかし実は、完成度の高い英国料理の数々以上に、このとき印象に残ったのは、パラダイストロピカルアイスティー、通称パラダイスティーだった。私は基本的に食事の際には甘いものを飲まないので、これまではドリンクバーでも大体毎回、烏龍茶《ウーロン》か紅茶ばかりを飲んでいて、そのほかのドリンクは気にもとめていなかった。そのため、パンケーキと並んで「ロイヤルホストといえば」の代名詞であるパラダイスティーの存在を知らなかったのだ。目にしたことくらいはあったはずだが、ドリンクバーによくある、最初から甘味料の入ったアイスティーの類だろうと思い込んでいたのだと思う。

同行した友人に勧められて飲んでみたところ、まさにその名に恥じないトロピカルな香りと味が口の中に広がった。フルーティーで香り高い。予想に反して、甘くない。食事と一緒に飲んでも、料理の味を邪魔しない。「トロピカルだね……！」「トロピカルでしょ」「パラダイスだ……」「パラダイスなのよ」と、勧めてくれた友人と頷《うなず》き合う。ドリンクバーでおかわりした後、ペットボトルを買って帰った。今では、ロイヤルホストで食事をした後は、パラダイスティーを買って帰るのが恒例になっている。大手通販サイトで箱買いすることもできるとわかったので、夏になったら購入しようかと検討しているところだ。

作家仲間と映画を観た帰りにロイヤルホストに寄って、感想を語り合ったこともある。友人のホラー作家、最東対地《さいとうたいち》さんとリバイバル上映のホラー映画を観た帰り、ミステリ作家の今村昌弘さんと合流して食事をしようということになった。そのエリアに詳しい今村さんは、「このあたりには何も（飲食店が）ないですよ」と言う。しかし、スマホで検索すると、徒歩圏内にロイヤルホストがあることがわかった。地域住民が「何もない」と言う場所にもある。やはり頼りになる。

実は当日、食事に誘ったとき、今村さんはすでに夕食を終えていたのだ。しかし、「じゃあおやつ」と食い下がったら、「おやつなら入る」と言って来てくれた。夕食を食べたい私と最東さんと、おやつなら食べられる今村さんが一緒に食べたいものを食べられるという意味でも、ロイヤルホストは最適だった。

最東さんと私は、アンガスサーロインステーキと、アンガスサーロインステーキサラダ（ライスのかわりに、サラダがステーキに添えられている）を注文し、今村さんはフライドポテトを注文した。私たちが食事をしている間、今村さんはポテトをつまみ、食後に皆でデザートを食べよう、という算段である。

まずフライドポテトが運ばれてきて、テーブルの真ん中に置かれた。ポテトをつまみながら、ステーキが来るのをお待ちください、という店側の気遣いを感じたが、ポテトは今村さんの個人所有である。今村さんは無言でポテトの皿を自分の前へ引き寄せ、「シェアなどしない」という断固とした姿勢を示した。「皆で食べると思われたんやな」

と言った最東さんに、「手を出したらバシッてしますからね」とジェスチャーつきで宣言し、改めて権利関係を明確にする。

でも、私がステーキを一切れあげたら、今村さんも「織守さん、ポテト食べます？」とポテトを勧めてくれた。笑顔だった。アンガスサーロインステーキの力はさすがだ。

私はサーロインステーキサラダを食べ、今村さんのポテトをもらい、その後、予定通り季節のスイーツ（「パンケーキ＆焼きりんごのクレームブリュレ」）も食べた。当然である。ロイヤルホストに来てデザートを食べないなんて考えられない。デザートを食べるために、メインはヘルシーなステーキサラダにしたのだ。

ロイヤルホストのメニューの中にはハイカロリーなものもあるが、グランドメニューにカロリーが表示してあるので、メインは少しカロリー低めにして、デザートをがっつりいこうかなとか、メインはこれをどうしても食べたいから、デザートはこっちにしようかなとか、調整できるのがありがたい。とはいえ、ハイカロリーメニューでも、食べたいときには食べてしまうのだが……。おいしいから……。

最東さんや今村さんとロイヤルホストに行ったのは、このときが初めてではない。以前、推理作家の我孫子《あびこ》武丸《たけまる》さん主催のボードゲームの会が開かれ、皆で遊んだ帰りにも、京都の店舗で食事をしたことがある。あまり飲食店が多くないエリアだったので、夕食をとれそうな店が見つからず、私たちはしばらく周辺をうろうろした。うどん屋さんやラーメン屋さんなど、小さなお店があるにはあるのだが、折悪く定休日だったり、行列ができていたりして、入れなかったのだ。

歩いて行ける距離にロイヤルホストがあったはずだ、と誰かが思い出し、皆で向かった。不案内な町にいるときはなおさら、店舗数が多いチェーン店の存在はありがたい。定休日やランチタイム、ディナータイムを過ぎていることを気にせずにいつでもいつものメニューが食べられるという安心感がある。

無事入店して、広々とした席につき、それぞれ好きなものを注文した。洋食を食べたい気分の人も、和食を食べたい気分の人も、同じ店の同じテーブルで好きなものを食べられるのも、ファミレスのいいところだ。

そのぶんおいしいので文句はないが、ロイヤルホストの単価は、ほかのファミレスと比較すると高めの設定だ。いつものうどん屋さんやラーメン屋さんに入っていれば、夕食は千円程度だが、このときは確か、一人二千円から三千円の間くらいの金額になった。

「とんかつを好きなときに食べられるようになりなよ、って話があるやん」

食べながら、我孫子さんが言った。私はその話を知っていたので、ありますね、と頷いた。

『美味《おい》しんぼ』十一巻に収録されている、「トンカツ慕情」という有名なエピソードだ。お金のない学生に、小さなとんかつ屋の主《あるじ》が、とんかつ定食を食べさせ、「いいかい学生さん、トンカツをな、トンカツをいつでも食えるくらいになりなよ」と声をかけ、とんかつを好きなときに食べられるくらいが、人間として、えら過ぎもせず貧乏過ぎもせず、ちょうどいいということなのだ、と語る。

「僕にとってはそれがロイホやな。好きなときにロイヤルホストに来られるくらいの経済力を維持していたい」

私をはじめ、その場にいた作家たちは深く頷いたものだ。

我孫子さんが、日本を代表するミステリ作家の一人であることを思えば謙虚な発言だが、その感覚はすごくわかる、と思った。

毎朝ロイヤルモーニングを食べられるくらい、とは言わない。新作のパフェが出たみたいだな、そろそろあのパンケーキが食べたいな、原稿のやる気を出すためにちょっとおいしいものを食べようかな——そんな気持ちでときどき、小さな贅沢をするために、気負わずに足を運べるくらいでいたい。我孫子さんの言葉は今も、そうあるために頑張って仕事をしようという私の指針になっている。

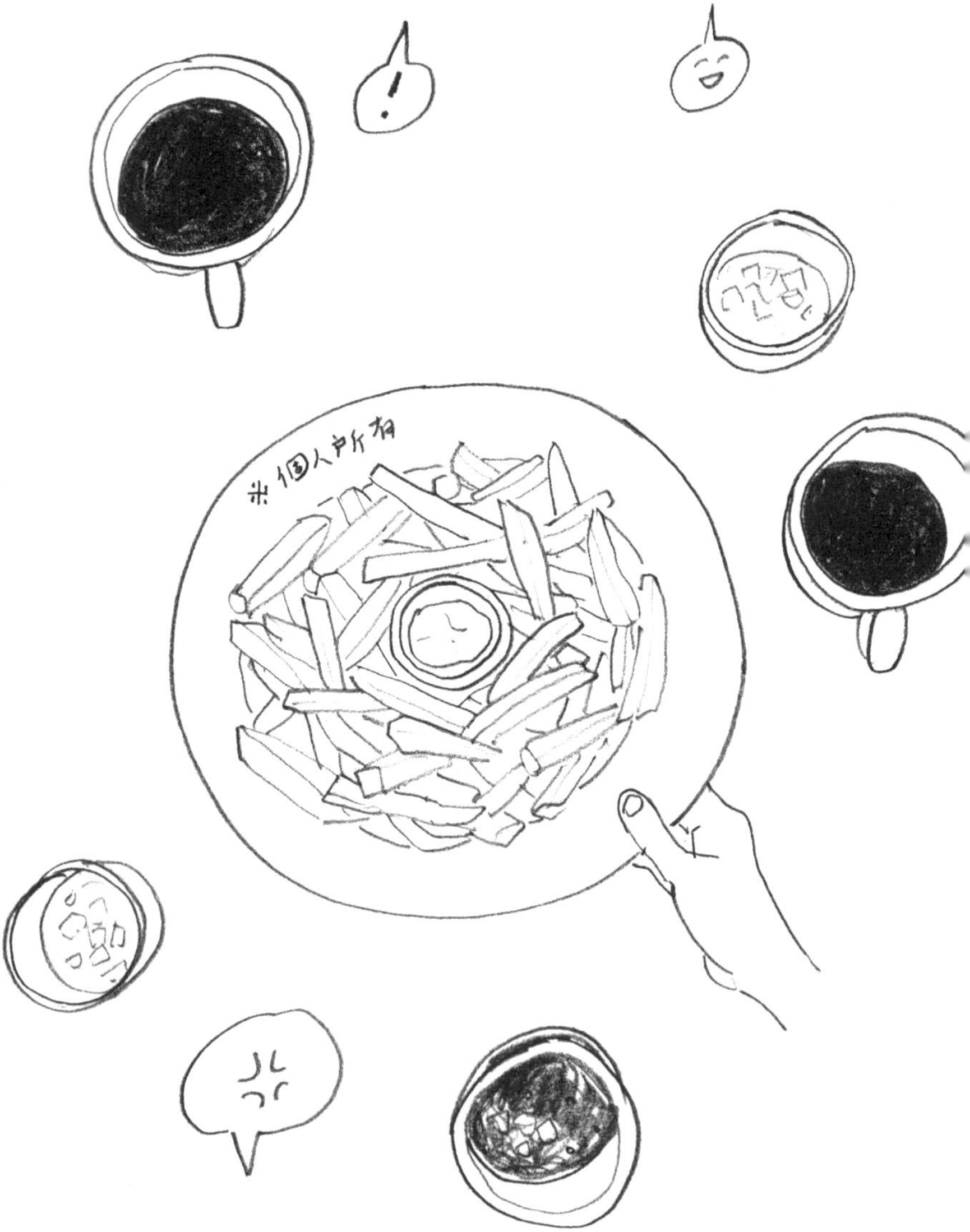
※個人所有

ロイヤルホストと勤務医時代

朝比奈秋

朝比奈秋（あさひな・あき）

1981年、京都府生まれ。作家、医師。2021年、「塩の道」で第7回林芙美子文学賞を受賞。23年、『植物少女』で第36回三島由紀夫賞、『あなたの燃える左手で』で第51回泉鏡花文学賞、第45回野間文芸新人賞を受賞。24年、『サンショウウオの四十九日』で第171回芥川賞を受賞。その他の著書に、『私の盲端』がある。

一番好きなロイヤルホストのメニュー

真鯛・海老・帆立のあつあつグリル〜温野菜添え〜

ロイヤルホストによく行く時間帯

夜の9時から10時

よく一緒にロイヤルホストに行く人

一人

好きな席

ファミリー席

ロイヤルホストへひと言

「真鯛・海老・帆立のあつあつグリル〜温野菜添え〜」のバター醬油ソースがたいへん美味しゅうございます

郊外の、国道沿いにあるロイヤルホストだった。地方ともなると夜の十二時を越えれば、国道を走る車はめっきり減って、周りの建物からの灯《あか》りも消えだす。そのせいか、オレンジ色の看板が遠くからでもぼんやりと浮き上がって見えた。暗い道の先に、そこだけ人の気配が灯《とも》ったようだった。そこに向かって私は急ぐともなく、ただぼんやりとマイペースに歩いていたと思う。

十年ほど前、そのロイヤルホストは深夜営業をしていて、私は深夜帯に通う常連客の一人だった。平日の深夜に客は少なく、店内は静かだった。私はいつも一人で来て、がらんとした窓側のファミリー席に座って、広々としたテーブルに目いっぱいメニューを広げた。窓からは空っぽの駐車場が見えた。その奥の四車線ある国道をなんとなしに眺めていると、深夜の国道をさーっと音を立てて、車がときどき通った。

今、どれだけあの頃の記憶を手繰ってみても、当時あのロイヤルホストで何を頼んでいたのかまったく思い出せない。週に何回も通ったはずなのに一切思い出せない。入口前のゆるやかなスロープ、がらんとした店内、目の前に誰も座ってないファミリー席、映像として記憶に残っているのはそんなものしかない。

たしかに当時勤めていた救急病院はそこそこの忙しさではあったが、寝る時間は十分にあった。それなのに、よく思い出せない。思い出そうとして浮かび上がってくるのは、深夜に仕事を終えて家賃四万円のアパートに戻って洗濯物をカゴにつめこみ、近くのコインランドリーに行って洗濯機を回し、その間にロイヤルホストへ向かった、あの暗い道のりだけだ。

田圃《たんぼ》のなかに建つ救急病院からアパート、アパートからコインランドリー、コインランドリーからロイヤルホストはそれぞれ五分から十分くらいの距離で、どの道のりも街灯がとびとびだった。暗かったが怖さを感じたことはなかった。夏は蛙《かえる》がげろげろと鳴いていたし、冬は星空が綺麗だった。

その地に勤務することになった流れも、今ではよくわからない。どこから私のことを知ったのか、なんの縁もない地域の、救急病院からの突然のオファーだった。はじめから受けるつもりはなくて、どうやってメールで断ろうかと考えていた。二つほど前に勤めていた救急病院が常軌を逸する忙しさだったから、この人生でもう二度と救急病院では働かないと決めていた。今は救急対応するだけの体力がないこと、内視鏡を中心に勤務していることなどを理由に断ると、当直をしなくてよいとか、内視鏡の日数を増やすとか、いくつかの条件を提示された。そうして、面談を受けているうちに就職することになった。

内視鏡の約束は守られなかったが、その他の約束は幸いにもきちんと守られて、寝る時間は十分に確保できた。日中も、へとへと、といった勤務スケジュールでもなかった。それなりに大変だったのかもしれないが、記憶の手触りとして嫌な感触はまったくない。その病院にとても優秀な研修医たちがいたこともある。四人の研修医は全員、コミュニケーション能力が高く、体力があって、何より勤勉。クールな女性のKさん、恰幅《かっぷく》のいい風変わりなN君、あるいは、ひょうきんな若者のY君、落ち着いた秀才のS君など、キャラクターはさまざまだったが、みんな人柄が良かった。

当直なしの私と違って、研修医たちは頻繁に当直していた。当直明けの次の日も、彼らに休みはなく、ぶっつづけで朝の七時からカンファレンスに出ていた。それ以外にも英語の論文を読んだり、学会で論文を発表したり、彼らは三百六十五日働いていた。

彼らにとって私は監督役ではあったが、教育熱心な中年の医師がたくさんいたので、私が彼らを指導したという記憶はまったくなく、ただの話し相手だった。何を言っても怒らないし、どの上司とも仲良くないから誰の文句を言っても問題ない。そもそも話を聞いているような聞いていないような、そんな人間は話し相手にぴったりだったのかもしれない。

救急車が来るまでの待ち時間だったり、診察室で採血の結果待ちをしている時など、ふとした時間に彼らはよくささいな相談をしてきたり、愚痴を漏らしたりしてきた。内容は、将来北海道に戻って地域の産科を守りたい、昨日夜中に来た患者が知り合いの女の子だった、手術中に〇×先生がごちゃごちゃと言ってきてめんどうだ、とか、恋人と会えないから別れてしまおうか、などさまざまだった。愚痴を言っている時でさえ、嫌な感じのしない人物たちだった。彼らは僕よりだいたい八個ほど年下だったが、人格者だったのだろう。

また、研修医とは思えない臨床能力を身につけていた。私が研修医の頃、あれほどのことができただろうか。そもそも医者としての技量以前に、社会で働くこと自体に私は精いっぱいだった。もともと人に頼るのが苦手だったから、研修医時代はとにかく大変だった。良く言うなら独立的で、悪く言うと意固地で生意気だった。問題児的な研修医だった私と違って、あの病院の研修医たちは理想的な研修医だった。人見知りな私もすぐに彼らと打ち解け、自然と仕事を任せることができた。

町一番の救急病院だったから、ひっきりなしに救急車が訪れたが、救急の初期対応はすべて彼らが受け持った。私は医局で症例レポートなどを書きながら、彼らの救急患者の治療が一段落ついたところで救急室へと降りて、検査結果などを一緒にチェックするくらいだった。彼らは常に冷静かつ丁寧な診察をしていたと思う。患者からの評判も良かった。いわゆる「ほうれんそう」も完璧で、なんのトラブルもなかった。

唯一、彼らから焦った声で助けを求められたのは一度くらいだったと思う。私の診察室にドタドタと尋常ではない足音が近づいてきて、研修医のＹ君が目を剝《む》いて「心臓が止まりましたっ」と報告した。風邪で来診した患者が目の前で倒れたらしい。駆けつけた救急室では他の研修医らが救急措置を始めており、心電図はフラットで間違いなく心臓が止まっていた（そのかたは心肺蘇生によって無事に息を吹き返し、しばらくして後遺症なく退院された）。

そんな彼らとロイヤルホストに行くことは一度もなかった。私が深夜に一人で窓際のテーブルに座っている時も、彼らは病院のなかで働いていた。

当時、私は医者以外の仕事に転職する気などまったくなかったが、それでも自分が一生医者をすることはない、そんな予感が体のなかに漂いはじめていた時期だった。実際、私はその一年か二年後に急に小説を書きはじめた。そこから取り憑《つ》かれたように書く日々が始まったので、嵐の前の静かな年だったのかもしれない。よい研修医に囲まれて、幸せな勤務医生活だった。

今は都内のロイヤルホストに通っている。家から歩いて数分で着き、道から街灯がとぎれることはない。今日は一日よくがんばったなと思える日に、ご褒美的に使っている。

時間も夜の八時とか九時くらいで、空いていれば窓際、混んでいる時は小さなテーブルの席に案内される。勤務医を辞めて、もう何年も経つ。今では医者をするのは月に数回で、救急患者や重症患者を担当することはない。今のロイヤルホストの窓から、ひっきりなしに車が通過する都内の道路を見つめることはない。ただ、ぼんやりと小説が頭を巡っていたり、とりとめのないどうでもいいことを考えたりしている。

最近では、もっぱら「真鯛《まだい》・海老《えび》・帆立のあつあつグリル～温野菜添え～」を頼んでいる（「黒×黒ハンバーグ　ブラウンバターソース」にする時もある）。お腹がとくに減っている日などはそこに「海老と帆立のシーフードドリア」か、ミックスフライを追加する時もある。食べきれなければモッテコでテイクアウトしている。

もう夜の深い時間に一人で窓際に座ることはない。今は何かを思い出すこともなく、ただぼんやりと座って、おいしい料理が出てくるのを待っている。

Host

ここが最高の定位置

青木さやか

青木さやか（あおき・さやか）

1973年、愛知県生まれ。タレント、俳優、エッセイスト。著書に、『母』『厄介なオンナ』『母が嫌いだったわたしが母になった』『50歳。はじまりの音しか聞こえない』ほか。

一番好きなロイヤルホストのメニュー

ギャザリング・プラッター

ロイヤルホストによく行く時間帯

午前中

よく一緒にロイヤルホストに行く人

松本明子さん

好きな席

窓際ボックス、借景の美しい席

ロイヤルホストへひと言

いつもありがとうございます

西暦二〇〇〇年。わたしは中野五差路のロイヤルホストにいた。ロイホにいくかパチンコにいくか雀荘《ジャンそう》にいくか。毎日の三択はどれだって深く考えなければ楽しかった。義務ではない、自主的にいっている。思考するな。楽しい。

地元から共に上京した彼氏はある日、多くの電化製品と一緒にアパートから忽然《こつぜん》と姿を消した。突発的に出て行ってしまったと思ったが、考えてみれば、そんなわけはない。綿密に計画立てていたに違いない。クソが。わたしのいない時間を見計らって出ていくことしかできないクソが。正面切って出てってみろよ。いかないで、とすがるとでも思ったか。その通りだよ。三年暮らしたんだ、それ程度の厄介こなしてからいなくなれよ。あ〜何でわたしはクソみたいなオトコばっかとくっついたり離れたり、すがったりしてんだろう。悔しい、ひとりぼっち、許せない。後悔させてやりたい。火をつけてやろうか。火をつけてやる、火をつけてやる、どこにって、驚け。わたしに火をつけてやる、わたし自身だ、わたし自身を火だるまにして、この街、中野ごと火だるまにしてやる、最後に黒焦げのわたしが五差路に横たわる、プスプスと音を立てて焦げ死ぬんだ。

そうすれば少しは後悔するだろう？　この先笑って生きていけないだろう？　お前だけ楽しいことがあるなんて許さない。人生賭けて謝罪しろ愚糞男。

わたしは日本のキャリーだ、ぶつぶつ呟《つぶや》きながらロイホの階段を上がると、窓際のボックス席に先輩が座っていた。顔をよそいきに戻し、お疲れ様でーすと声をかけた。先輩は、どうも、と言いながらイヤホンを耳から外した。彼は、パチンコも麻雀もしない。わたしと同じ売れない芸人で、彼女と住んでいて、彼女よりずうっと猫が好きで猫を触ることが日課だ。

「猫、触ってきました？」

「触りましたよ」

「可愛《かわい》かったですか？」

「可愛いですよ、猫は、可愛いですよ。寄ってくるんですよ、にゃーと言いながらね、私の膝《ひざ》に」

わたしは、メニューをめくりながら、本心からこう言った。

「毎日可愛いなんて、すごいですね」

「まあ、猫はね。猫だけですよ、そんなものは」

「彼女は？」わたしは、先輩の答えをわかってて質問をした。

「いやあ、なんかねえ、まあ、話すこともないんで、青木とね、ロイホ来るんでしょうね、まあ」

えー、ひどー可哀想《かわいそう》ーと口で言いながら、優越感に少しエネルギーが湧いた。

「青木、注文どうします?」

「あ、はい。わたし、ドリンクバー。あとオムライスとパンケーキ。は、諦めて、諦めるというか、あと七時間は居る予定なんで、三時間後にオムライスにしますよ」

「了解です」

大体明け方解散が日課のわたしたちだ。先輩も朝までいるようだ。彼女より、わたしと。さらにエネルギーが湧いた。

「ドリンクバー取ってきますよ、わたし。ホットコーヒーとコーラでいいですよね? 氷無し」

GO!と手を挙げドリンクバーに向かうと深夜の常連、外国の老人が目に入った。禁煙のボックス席で首を垂れて眠っている。わたしは少し微笑《ほほえ》んだ。

一年前に、初めて老人をみた。今と同じように首を垂れている老人をみて、死んでいるのか、と思ったが、トイレから戻ってきたら、顔を白い陶器のコーヒーカップに近づけてズズズとすすっていた。パキスタン的、長髪で白髪、優しい笑顔、大きな瞳、二重、手の甲の白く長い毛、深爪、ゆるいチェックのネルシャツ、チノパン、年季の入った革の茶ベルト、ズックは元の色は不明。家がないんだろうか、ないと悟られないように品よく座っているのだろうか。それとも浮浪者然として外出する金持ちの遊びだろうか。いずれにしてもわたしは、この老人を見るたび、追い出されませんようにと願った。そして、どうか、わたしと先輩も、追い出されませんように。金はないが、我々の、ここが最高の定位置。


お待たせしましたーとコーヒーとコーラを机に置くと「青木、どうなんですか？　最近」と先輩が聞いてきた。

「いやあ、別に、えー、まあ別に〜」

わたしは言葉に詰まった。面白い話よろしくってことだから。何も無い。毎秒オトコのこと考えちゃって、他なんのエピソードもない。復讐したい、嘘、ホントは戻ってきてくれたらそれでいいの、だって、わたしこれからどうなるの？　ひとりぼっち。

「しかし、あれだなぁ」

「なんですか？」

「基本、女は、つまんないよな、話が」

「はい？」

「女は、つまんないんですよ、何にも興味ないんでしょ政治とか。バカだから。恋愛の話とかでしょ、どうせ話せて」

「え？　なんなんですか、その言い方」

わたしは、声色を変えて睨《にら》みつけ凄《すご》んでみせた。こうすると、この人は喜ぶことを知ってる。

「あーはいはい、すいませんすいません、おもしれーな、青木の顔は。謝りますんで」

「おい！　笑ってんじゃないすか」

「あー、なんかね、ほんとすいません、ははは」先輩は喜んでいる。

わたしはつまらないヤツというレッテルを貼られずに済んでほっとした。実際、わたしはこの人が話す政治の話にも世間の話にも、面白くも興味深くも返せない。ほんとは泣きたい。でも知ってる、この人は、いや大体のオトコ芸人は、泣く女は嫌い。女芸人が泣くなんて、もってのほか。

ならば今夜のところはと、「実は映画キャリーのような計画がありまして、内緒にしてくださいよ」と切り出し、火だるまになって中野五差路を焼き尽くす話を、大芝居よろしく顔芸よろしく話し終えると先輩は、ひーー！と甲高い声を出して笑い始め、いや〜青木は狂ってんな〜面白いわ〜とボックス席で七転八倒している。

面白いという評価を聞いて一安心し、メニューをもう一度開いた。食べたことのない洋食メニューが並ぶ。うちはほとんど外食をしない家だったからワクワクするんだ、ロイホのメニュー。

わたしは実家のことを思い出した。両親は共働きで夕飯は祖母が作ってくれた、いつも和食だった。ごはんに汁物。食卓には小さな壺にらっきょうに梅干しに漬物。瀬戸ものの重たい皿に焼き魚。父の趣味が川釣りで、常に冷凍庫には、鮎だのイワナだのがぎゅうぎゅうに詰まってた。祖母の料理と給食が、わたしの体を作った。祖母のごはんは美味《おい》しかったが、中でも味ごはんと呼ぶ混ぜごはんが好きだった。餅米を混ぜて炊いたアツアツの白飯に、甘辛く煮付けた椎茸人参かしわごぼうを混ぜ合わせる。もちもちとして甘辛醬油がよく合う。

わたしは、さらに思い出した。小学四年生の頃うちに友達が遊びに来たときのこと。嬉《うれ》しかった。祖母は、味ごはんと鬼饅頭《まんじゆう》（さつまいもとうどん粉を混ぜて蒸したおやつ）を出してくれた。そのあと遊ぼうとなり、牛乳パックにチラシを貼り付けて作ったサイコロを山ほど戸棚から出した。そのサイコロは百個はあった。「これどうやって遊ぶの」と友達は言ったから「転がすんだよ」とサイコロを転がした。何度転がしても⑥

で止まるサイコロを見ながら笑いあった。翌日学校へいくと、他の友達から「さやかちゃんちっておやつが芋なの？　牛乳のパックでサイコロ作ってるの？　ボードゲームないの？」と聞かれ、あっという間に「なんか貧乏みたい」と噂された。わたしは祖母の料理とサイコロが途端に恥ずかしいものだと感じ、それからは祖母のごはんを友達に食べさせることはなかった。なんだか、わたし自身がみすぼらしく感じて、祖母がみっともなく見えた。

祖母は元気だろうか。

いってきますも言わずにオトコと東京へ出た。祖母はわたしを好きだった。わたしにどれほど呆《あき》れても、電化製品持ってわたしを捨てたりしない。嫌いになったりしない。いまどうしているだろうか。外食したことない祖母に、このメニューを見せてあげたいよ。かあちゃんに、洋食を食べさせてあげたいよ。そうだ、わたしは祖母をかあちゃんと呼んでいた。かあちゃん。

「どうしました？」

一通り笑って落ち着いた先輩が聞いてきた。わたしは凝視していたメニューをパタンと音を立てて閉じて、スイッチを入れ、先輩を睨みつけながら言った。

「祖母のことを思い出してました、何してるかなって、は？　思うわけないだろ！　わたしは妖怪人間なんだ。早く人間になりたい？　冗談じゃない。復讐劇のスタートですよ、今日！　この日が！　新たなスタートですよ、ひひひひひひ」

そして夜中のロイホで控えめだが叫んだ。

「おい！　お前を蠟《ろう》人形にしてやろうか！」先輩は、ひーーと声を上げて笑い、言った。「意味がわからないんですけどね、なんか笑っちゃうんだよな、すごいですよ青木は」

先輩は、ひーーと笑い続けている。


息がうまくできないほど笑い続けるという評価は、わたしに喜びを与えた。今夜のところは生きられる。冷めたコーヒーを口にふくんで、深夜の中野五差路を見下ろした。

Royal Host

パラティー
3杯目

八丁堀店の定例会

高橋ユキ

年に一度、八丁堀店でランチをする友人がいる。ゆうこりん、と平成じみた愛称で呼んでしまっている彼女は、もともとは古い傍聴マニアで、いろんな裁判の法廷でお互い顔を合わせるうち親しくなった。ゆうこりんは傍聴マニアから徐々に足を洗う一方で、死刑囚や受刑者の支援活動を行うようになり、気づいたころには「死刑廃止国際条約の批准を求めるフォーラム90」（以下、フォーラム90）の活動に関わるようになっていた。

フォーラム90は年間を通してさまざまなイベントを手がける。共催しているイベントでもっとも有名なものは主に秋に開催される「死刑囚表現展」であろう。「死刑廃止のための大道寺幸子・赤堀政夫基金」に寄せられた死刑囚（確定・未決不問）らの作品が直近で鑑賞できる。二〇一六年七月に神奈川県相模原市の障害者施設で殺傷事件を起こし二〇二二年に死刑が確定した植松聖《さとし》は、未決だった二〇二〇年から同展に作品を寄せるようになった。メディアがこれを取り上げるためか、展示の注目度が上がり、来場者も増えたような感覚がある。

私には、未決の立場の死刑囚との文通面会経験がある。死刑囚は刑が確定すると外部交通に大きな制限が生じる。受刑者よりも厳しい。家族や宗教関係者以外の外部交通はほぼ認められない。刑の確定によって面会や文通が終わっている彼らが今どうしているのか少しでも知れたらという気持ちで死刑囚表現展に通っているところがある。

過去に裁判を傍聴し、発言を見聞きしていた死刑囚が出展していることもあり、事件を思い出しながら、法廷での発言と作品とを重ねあわせ、現在の生活を想像する。

死刑囚表現展は二〇一九年に渋谷のギャラリー大和田から八丁堀の松本治一郎記念会館へと会場を移した。駅の地上出口でゆうこりんと待ち合わせ、一緒に会場へ行き、展示を見てから、ロイヤルホストでランチやお茶をするのがここのところの定番となっている。

八丁堀店でお互い、クラブハウスサンドとドリンクセットを頼む。サンドの真ん中に「R」がかたどられたピンが刺さっているのが気に入っている、ピンを抜いて一気に食べてしまったが、ゆうこりんは食べるのがゆっくりなので、オレンジジュースをおかわりしながら、さっきまで見ていた展示をゆっくり頭の中で振り返る。ふたりが毎年、関心を寄せていたのは二〇〇八年・秋葉原通り魔事件の加藤智大《ともひろ》の作品だ。お互い東京地裁の一審を傍聴していたことも無関係ではないと思う。法廷で見た加藤はほとんど無表情で、人との関わりを拒絶しているかのように見えるのだが、一方でそんな自分を周囲に分かって欲しいと思っているような面倒臭さがある……と、私の主観としては思っていた。彼は死刑が確定した二〇一五年から作品を応募し、以後常連となっていたが、女の子のイラストに目を凝らしてみると全て「鬱」という漢字で構成されていたり、パズルを解くことで絵柄ができあがる作品だったりと、若干ややこしい。それでも続けて作品を見ているうち、ゆうこりんと私は、彼の中にわずかな変化を見出したりもしていた。見る側とのコミュニケーションを楽しみ始めた加藤もいるのでは？と思ったりもした。だがそれは見る側の勝手な思い込みかもしれない。

加藤には二〇二二年七月に死刑が執行され、同年十月の展示作品が最後となった。その前年の展示では「お昼寝。」シリーズとして青森県の各地を作品にしていた。彼は故郷を懐かしんでいたのだろうか？　死ぬ間際に何を思っただろうか。皿に残ったピンを見つめて考えたが答えは分からない。

好きな席

奥側ボックス席

第４章

とくべつな

幸せな記憶を、またロイヤルホストで

温又柔

温又柔（おん・ゆうじゅう）

1980年、台湾・台北市生まれ。小説家。両親ともに台湾人。幼少期に来日し、東京で成長する。2009年「好去好来歌」で第33回すばる文学賞佳作、16年『台湾生まれ　日本語育ち』で第64回日本エッセイスト・クラブ賞、20年『魯肉飯《ロバブン》のさえずり』で第37回織田作之助賞を受賞。著書に、『空港時光』『永遠年軽』『祝宴』『私のものではない国で』ほか。

一番好きなロイヤルホストのメニュー

あつあつ鉄板和風ハンバーグランチ（おろし醬油ソース）と、
オニオングラタンスープセット＋ドリンクバー

ロイヤルホストによく行く時間帯

早めのランチタイム

よく一緒にロイヤルホストに行く人

母と妹。ときどき、姪っ子や甥っ子。
おやすみの日は夫や義弟（姪っ子たちのパパ）とも。
父が帰国したときは、みんなで揃って！

好きな席

窓際の一番奥の席

ロイヤルホストへひと言

叔母たちと行った台湾の北投店も
とっても素敵でした！

両親の家と、妹一家が暮らすマンションと、わたしの住んでいるところの、ちょうど真ん中あたりに、ロイヤルホストがある。

わたしが、母と妹と時々そこで会うのは、みんなにとって便利だからというだけではもちろんない。お店の居心地が良くて、何よりも、何を頼んでも絶対に美味《おい》しいからだ。

その日のわたしたちはとびきり幸運で、特等席、とわたしが密《ひそ》かに呼んでいる窓際の一番奥まった四人がけの席に案内される。

まだ、モーニングタイムが終わったばかりの時間帯。

わたしは迷わず、「あつあつ鉄板和風ハンバーグ」のおろしゆずぽん酢ソースを頼む。妹はさんざん悩んだあと、「国産豚ポークロースステーキ」のジンジャーバターソースを選び、母は前回すごく美味しかったからと、小さめのステーキランチ――一〇〇グラムのアンガスサーロインステーキに海老《えび》のグリルと蟹《かに》のクリームコロッケ――に決める。もちろん全員が、オニオングラタンスープセットのライス付きである。

デザートはあとで頼むことにした。

ドリンクバーで氷をたっぷり入れてきた一杯目のパラダイストロピカルアイスティー――これも、わたしの大のお気に入りだ――を啜《すす》りながら、親子三人でピイチクパアチクとばかりに夢中で喋《しゃべ》っていたら、ふと妹が、幼稚園からかな?とスマホを耳にあてる。

甥《おい》っ子の幼稚園からではなく、上海にいる父からの電話だった。よく見たら、母とわたしのスマホにも父からの着信が。妹が、おねえちゃんなら隣にいるよ、と言って自分のスマホを渡してくれる。すぐに父の明るい声が聞こえてくる。

「生日快樂（shēng rì kuài lè）！」

その日は、わたしの誕生日だった。いつからか父は、自分がどこにいても、毎年わたしたちの誕生日には必ず電話をしてくれるのだ。

特別な日にかかってくるのもあって、父との電話はいつも嬉《うれ》しい。

昔々、父がまだ日本で働いていた頃、夕方になると電話が鳴る。父だ。母が、わたしにも受話器の向こうの声を聞かせてくれる。

――パパ、もうすぐ、ケロケロケロケロ、グァッグァッグァッ。

来日してまもない頃から父は、日本語の「帰る」が「カエル」と同じ響きであることをとても気に入っていたのだ。わたしが幼稚園で習った「かえるのがっしょう」を歌って聴かせてからは、会社から帰る前の電話で必ず、ケロケロケロケロ、グァッグァッグァッと歌ってくれるようになった。

たぶん、わたしたちの一家がずっと台湾で暮らしていたら、会社から帰ってくるのを知らせるのに、父が「かえるのがっしょう」を口ずさむことはなかっただろう。

日本語は、幼いわたしや日本生まれの妹にだけでなく、とっくに大人だった父や母にも、そんなふうに楽しい影響を与えていた。もちろん、〇歳から三歳までしか台湾にいなかったわたしとちがって、両親が中国語を忘れることはなかったのだけれど。

たぶん、まだ十歳にもなっていなかった頃だと思う。わたしは、自分がたくさんの中国語を忘れていることに気づく。それで自分の覚えている中国語をできるだけたくさん思い出そうとしてみた。

チョコレートは、巧克力（qiǎokèlì）

ケーキは、蛋糕（dàngāo）

アイスクリームは、冰淇淋（bīngqílín）……

どれも食べ物ばかりなので、なんとなくおかしくなる。しかも、中国語で知っている食べ物は、日本語で言うよりも、妙に美味しそうなのだ。

（自分だけがそう思うのかな？）

それでわたしは妹に聞いてみた。幸い、その頃の妹はただの赤ちゃんの段階を過ぎて、わたしの話し相手として十分に役に立つようにはなっていた。

「ねえねえ、チョコレートっていうのと、巧克力っていうの、どっちが美味しそうだと思う？」

わたしに相手してもらえるだけでも喜ぶ妹が目を輝かせながら、

「巧克力（qiǎokèlì）！」

と答える。妹も同じだと知ってわたしはますます興奮する。

「そうだよね、巧克力の方が美味しそうだよねぇ」

妹は、巧克力（qiǎokèlì）と口にすること自体が楽しくなってきたようで、qiǎokèlì、qiǎokèlì、と連呼する。妹の弾んだ声を聞いていると、わたしもますます、巧克力がすごく美味しそうに思えてくる。

「じゃあ、ケーキと蛋糕だったら？」

「蛋糕（dàngāo）！」

「だよね、だよね。じゃあ、アイスクリームと冰淇淋は？」

「冰淇淋（bīngqílín）だよ、もちろん」

わたしたち姉妹は、どんどん嬉しくなって、確信を深める。

チョコレートよりも、qiǎokèlì、ケーキよりも、dàngāo、アイスクリームよりも、bīngqílín……食べ物は、日本語よりも中国語で呼んだ方が美味しそうだ。

もちろん、わたしはちゃんと知っている。別に、誰にとっても、日本語よりも中国語で言った方が、なんでもかんでも美味しそうに聞こえるわけではない。そんなわけがない。

たまたまわたしや妹が、そうであるだけなのだ。

何しろわたしたちは、父や母の声をとおして、巧克力（qiǎokèlì）や蛋糕（dàngāo）という響きと一緒に、チョコレートやケーキの美味しさを知った。要するにわたしたち姉妹は、台湾の音を、たっぷりと日本に持ち込んだ両親のもとで、たらふく幸福を享受してきた。わたしたちの記憶の中のいくつかの食べ物をあらわす中国語の響きには、その幸せな記憶が寄り添っている。

わたしはふと思いつき、妹にわざと言う。

「今度、パパがカエルしたら、またみんなでここに来ようね」

妹は、わたしの言いたいことをすぐに理解してくれる。

「そうだね、パパが、ケロケロケロケロ、グァッグァッグァッしたら……」

こらえきれず笑いだすわたしたち姉妹を、母がニコニコ見守っている。熱々のハンバーグとステーキがちょうど運ばれてくる。

前夜から楽しみにしていたおろし醤油ソースのハンバーグを思い切り味わいながら父

が今度帰国したらまたここに来ようと改めて思う。そのときは、十歳になる姪《めい》っ子と五歳の甥っ子も連れて。そして、今はまだ日本語しか知らないはずの妹の子どもたちに、ステーキは、牛排（niúpái）、ハンバーグは、漢堡排（hànbǎopái）、それに、パンケーキは、鬆餅（sōngbǐng）と言うのだと教えてあげようかな？

幸い、わたしたちみんなが住むこの町で、美味しい牛排（niúpái）や漢堡排（hàn-bǎopái）、鬆餅（sōngbǐng）を食べたくなったら、ロイヤルホストがある。わたしたち一家の幸せな記憶は、きっとここでまた積み重なってゆく。

冰淇淋
bīngqilín
niúpái
sōng
bǐng
巧克力
qiǎokèli
蛋糕
dàngāo

ロマンスのインフラ

柚木麻子

柚木麻子（ゆずき・あさこ）

1981年、東京都生まれ。小説家。2008年「フォーゲットミー、ノットブルー」で第88回オール讀物新人賞を受賞。15年『ナイルパーチの女子会』で第28回山本周五郎賞、16年同作で第3回高校生直木賞受賞。著書に、『ランチのアッコちゃん』『BUTTER』『マジカルグランマ』『あいにくあんたのためじゃない』、エッセイ集『柚木麻子のドラマななめ読み！』ほか。

一番好きなロイヤルホストのメニュー

朝の和定食

ロイヤルホストによく行く時間帯

午前中

よく一緒にロイヤルホストに行く人

夫

好きな席

窓側ソファ席

ロイヤルホストへひと言

いつもありがとうございます

私は昔から、なんの説明もなく、目的も見えない、不思議なお金や時間のかけられ方をしているものや場所が大好きである。

例えば、やけにファンシーでキラキラした雑貨ばかり並ぶのに客が全く来ない商店街のマダム向け雑貨ショップ。屋内の商業施設の天使やビーナスの像が見下ろす川やプール。アーケード街に突如現れる、どの店の所属かよくわからない、ガラスケースの中に飾られた造花や地元民のものらしいクラフト。民家の庭に通行人向きに置かれた陶器のウサギや小人もそうだし、そういうタイプの家がクリスマスになると赤や緑の電飾で外壁を飾るのを応援している。ブルボンのお菓子のフォントやデザイン、特にアルフォートのチョコに浮かび上がる立派な船がいい。別に船でなくても味は変わらないのに、あの海風を受けて帆がはためいているところまで食べ物で表現しようと決めたのは、誰なんだろう。映像だと、少し前に児玉清さんや井上順さんが、若い人気者ばかりのテレビドラマに出演していた頃、彼らの周囲にだけ不思議にゆったりした空気が流れているのが好きだった。そうそう、「徹子の部屋」のスタジオセットの中で、フランス窓から、いつも草原が見えているのを私は愛している。

こういうのを、なんて名前をつけたらいいんだろう。別に頑張らなくて済むところを全力で丁寧にやる（井上順さんや児玉清さんの出演していたドラマが手抜きしていい種類のものだったといいたいのではない)。当たり前に万人に開かれているところで繰り出される高いスキルとサービス。溢《あふ》れ出る美意識、魂のエレガンス、贅沢《ぜいたく》さ、あとほんのちょっぴりのおかしみ——。あまりにも惜しみなく無料だったりするので、いつの間にか当たり前みたいになってしまうそれらを、私はロマンスのインフラと名付けたい。格差と不景気でロマンスのインフラが減りつつある、この国の最後の砦《とりで》がロイヤルホストだと思っている。

ロイヤルホストはサービス、味、インテリア、季節ごとに変わる造花のディスプレイまで全力だ。全力すぎて、現実のこととは思えない白昼夢みたいな瞬間が多々ある。食事をするだけでロマンスのインフラをむせるほど浴びられて、この間、メロンを半分使ったパフェを食べていたら、しばし恍惚《こうこつ》としてしまい、席を立てなくなってしまった。

このロイヤルホストのやや浮世離れしているとも言えるエレガンスを支えるのが、あの優雅な、時間によって変わるBGMだと思っている。まあまあ知られていることだが、日本を代表する作曲家の一人、大野雄二が担当している。大野雄二、それこそ、ロマンスのインフラの王様みたいなクリエーターだ。「ルパン三世」のテーマはもちろん、ドラマ「パパと呼ばないで」でも「雑居時代」でも、雄二の曲が流れると、なんとも言えない洒脱《しゃだつ》で豊かなムードが立ち込め、身体中に生きる喜びが行き渡り、走り出したくなる。あくまでもメジャーな場所で一線を張り続けるのも、いかにもロイホ的だ。大野雄二とロイホはあまりにも親和性が高いが、一体どのような経緯を経て、二つが結びついたのだろうか。

今回、調べてみると、以下のことが判明した。

社内のBGM初代担当者は創業者・江頭匡一《えがしらきよういち》氏のお子さんである、相談役の冨永真理氏。ロイヤルホストのサウンドロゴに相応《ふさわ》しいものを制作するために大野雄二さんを起用。コピーライターをはじめ、当時のトップコーラスグループを起用するなど、今聴いても色褪《あ》せない、個性溢れる芸術作品の曲たち。全部で五テーマあり現在も使用されている。当時オリジナルで制作したものは、

1．モーニングのテーマ
グッドモーニング、グッドモーニング、いい朝爽やか、ロイヤルモーニング〜

2．コーヒータイムのテーマ
グッドタイム、グッドミュージック、ホッと一息、ロイヤルコーヒータイム〜

3．ディナータイムのテーマ
グッドデイ、ナイスデイ、いい日一日、ロイヤルタイム〜最後半曲アレンジ「野ばら」（シ

ューベルト）

4．ミッドナイトのテーマ

グッドイブニング、ミッドナイト、今宵楽しく、ロイヤルナイト～

5．フェアウェルテーマ～ポエム

フェアウェルとは「お別れ」という意味がある。閉店時間という設定から、～今日という日にお別れ～というイメージ。三分十六秒からナレーションがはじまる。「ハイウェイを走る車のテールランプ（中略）ドビュッシーの『月の光』をお送りしてお別れいたします～」

メニューが季節で切り替わるようにそれに合わせてBGMも変えていく。有名な楽曲もまれに使用しているが、曲調、テンポなど食事の邪魔にならないよう、無名でありながら楽しめるトラックを中心に選曲。当時の東洋メディアリンクスの担当者を通じて、ロイヤルらしい、お客様の耳に留まるようなBGMを、時間帯別にリクエストした。

この内容からは、冨永真理氏と大野雄二が知り合いだったということはなさそうで、完全にインスピレーションで依頼したような感じが見受けられる。小栗旬主演の実写版「ルパン三世」のテーマは「多忙」を理由に断ったのに、ファミレスのBGMは引き受けて全力で仕上げる大野雄二。その見極めに、ものすごくロマンスのインフラみを感じる。

私も至らないながらも、ロマンスのインフラを担えるような作家になりたいと思っているので、せっせとロイヤルホストに通い、ＢＧＭも味もサービスも、この身体に叩《たた》き込んで、呼吸として身につけたいと思うのである。

Royal Host
Royal Host

細部の魔法

似鳥鶏

似鳥鶏（にたどり・けい）

1981年、千葉県生まれ。小説家。2006年、『理由《わけ》あって冬に出る』で第16回鮎川哲也賞佳作を受賞。著書に、『戦力外捜査官』『名探偵誕生』『叙述トリック短編集』『推理大戦』『刑事王子』ほか。

一番好きなロイヤルホストのメニュー

やっぱりロイヤルオムライスです。ふわっふわ！

ロイヤルホストによく行く時間帯

ランチ終わりごろに入ってランチを注文します。
そして夕方まで追加注文しつつ居座ります

よく一緒にロイヤルホストに行く人

単独で行き、お仕事を……

好きな席

わりとどの席でもありがたいです。
もし空いていれば窓際

ロイヤルホストへひと言

お世話になっております。
落ち着いた雰囲気が好きです

東京メトロ有楽町線「護国寺駅」の5番出口を出ると、目の前に大通りがある。階段を上りきって顔を上げる。大通りを挟んで向かい側には講談社ビルがあり、今、全社を挙げて売り出し中の本を宣伝する巨大な「たれ幕」が下がっている。「畜生あいつのか、いいなあ、あんなに宣伝してもらえたら売れるの当たり前じゃん俺ももっとやってくれよ」と、ひと通り嫉妬《しっと》をこねくり回す。立ち止まってだらりと腕を下げ、首を三十度傾けたまま三白眼で講談社ビルを睨《にら》みつつ二百三十七行ほど呪詛《じゅせ》を吐く。その後おもむろに左に歩き出す。二百二十四秒歩く。すると光文社ビルの前に来るので、さらに七十一秒歩く。そこに現れるのが「ロイヤルホスト音羽店」である。営業時間、八時から二十二時まで。嫉妬の炎がそのまま食欲に変換され腹の虫を鳴かせる。おなかが減っている。ロイヤルオムライスのスペシャルセットで「選べるプチデリート」はほろにがカフェゼリー。理由は忘れたが妙に燃えている食欲のままに、「うまい」以外のことをあまり考えず食べる。自宅では決して作れないトロっトロの玉子がたまらない。ひと息つき、おもむろにバッグからファイルを出す。嫉妬しに護国寺まで来たわけではない。ごはんを食べるためだけでもない。仕事をしに来たのである。なぜならこのロイヤルホスト音羽店、なぜか仕事が滑るように進む「魔法のロイホ」だからである。

小説家の仕事スタイルは色々だが、「ネタ出しは外で」という人は多い。とにかくネタが出るまで外の飲食店に居座る（時間に応じて追加注文をする）のである。ネタは「三日間、唸《うな》っているだけで何も出なかった」という時もあれば「開始三十分でどうも全部出てしまい、逆に『本当にこれでいいのか』と不安になった」時もあり、かなり波があるのだが、なぜかこのロイヤルホスト音羽店に来た時は必ず後者に近い状態になる。

一体どういうことなのだろうか。魔法の正体は未だに分からない。

もちろん、「自室にはインターネット環境とか本棚の積ん読（※）コーナーとか手の届くところにある『アルスラーン戦記（漫画版、田中芳樹／荒川弘）』全巻とかいった誘惑があるが、ここにはない」「人の目があるから見栄を張って背筋を伸ばし続ける」「自宅にいると反射的に『リラックス低燃費モード』になってしまうが、外にいるだけで『外出時の緊張モード』になれる」といった理由付けはすぐに思い浮かぶ。これは実際にやってみると分かるのだが、白昼堂々、人目のある場所で仕事をサボる、というのは、なかなか疲れることなのである。そもそも、一度は勤務開始して脳が仕事モードになっている。加えて楽な部屋着でも趣味に走った外出着でもなく仕事時の服装である。傍目《はため》には、どう見ても「仕事中の人」であり、そうなのだろうという見方をされる。その状況でサボるというのは自分周囲の空気の流れに真っ向から逆走するということであり、そもそも心理的抵抗が大きい。となると大抵の人は抵抗に負けて「サボっているふうに見えないようにサボる」というスタイルになる。カフェでノートパソコンを開いて動画サイトを観たり、メールの確認をするふりをして社用ではなく個人の携帯を出し、ゲームをしたりすることになる。店員さんが来ればさりげなく(「社外秘の資料なので」という顔をするが、そもそも社外秘なら外に持ち出してはならない)パソコンを閉じたり携帯をしまったりする。遅滞なくそうした対応をするためには常に一定量の注意力を周囲に向けて残しておかなくてはならないわけで、画面には集中できない。家でリラックスしてやる時のようにゲームプレイができない。アイテムを使い忘れた。タップする位置がずれた。星打ちのつもりが五々に！　小ゲイマのつもりが大ゲイマに！　ホウリコミで咎《とが》めるつもりが取られるだけの無駄な一手に！　なんで囲碁ばっかりやっているのかは不明だが、まあ、いつものようにはできない。期待したほど楽しくないし、リラックスもできない。それを無視して時間までサボり続けるというのは逆にけっこうな意志の強さが必要で、それだったらもう普通に仕事した方が楽だ、となる。ゲームなら夜になればできるけど、今夜はさっき集中できなくて負け、下がった分のランクを取り戻すところから始めないといけないのか……と、損をした気にすらなる。だから外にいる人間は、そうそうサボりはしない。

　こういった理屈は分かる。だが上記のものはすべて「外で仕事をしている」時に共通のものであって、ここ「ロイヤルホスト音羽店」で仕事が捗《はかど》る理由にはなっていない。なぜこの店は捗るのだろうか。今なんて斜め前のテーブルに「三〇〇グラム厚切りアンガスサーロインステーキ」が置かれた。じゅうじゅうと鉄板が鳴りドミグラスバターソースの香りが広がる。今、昼を食べたところなのにすごくおいしそうである。これでは仕事どころではなくなりそうなものなのに。

実は、魔法の秘密は目に見えないところにあるのだった。実はこのロイヤルホスト音羽店、かの『金田一少年の事件簿』の打ち合わせや執筆中の夜食休憩が頻繁に行われていた（コミックスのおまけ頁に「ロイホーロイホー」と歌いながらこの店に入っていく漫画が描かれている）、ミステリ作家なら誰もが知る伝説のロイホなのである。なにせ天下の文京区音羽。講談社と光文社が目と鼻の先である。『金田一～』の他にも無数の漫画家、小説家、漫画家志望者、小説家志望者、ライター、脚本家、翻訳家、ブックデザイナー、校正者、編集者、版元営業その他が長年、この店のテーブルで仕事をしている。クリエイターの坩堝《るつぼ》なのであり、たぶんどの時間帯でも店内の客を笊《ざる》にとって篩《ふるい》にかけると底の方に一人か二人はエンターテインメント関係者が残る。そういう状況が開店以来約四十年（途中で一度改装したとのことだが、場所そのものは残っている）、続いてきたのである。

であれば当然、何か残留している。前出の呪詛のような禍々《まがまが》しいものから、持ち込みで好感触を得てデビューが決まりそうな漫画家志望者の歓喜まで。よく考えたら「さっきちょうど夢を叶《かな》えたところの人」がこんなにたくさん訪れている店というのはなかなかないのではないだろうか。

そして当然、他のもっと具体的なものも残留している。無数の打ち合わせやネタ出しが行われてきた店舗である。そこには当然無数の、思考の残滓《ざんし》が発生する。思いついたけど没にしたネタ、いけると思ったのに諸事情により実現できなかったネタ、様々なネタが店内に浮遊し、ネタゆえ空調の影響を受けずにその場に滞留し続ける。そんな店でネタ出しをするのだ。思いつかないはずがない。ひとくちに没と言っても実際には様々な性質のものがある。思いついても思いついた当人ではうまくストーリー化できなかったネタ、思いついた当人はつまらないと思って捨てたが他の人間から見たら非常に魅力的なネタ、というのもよくある（創作あるあるである）。それらが口から鼻から耳から目から毛穴から、体中の穴という穴から染み込んでくる。もっとましな言い方はなかったのだろうかと思うがそういうことが起こっているのであれば、なるほど仕事が魔法のように進むわけである。

という想像をしつつ店内を見回す。まあ、想像である。細かく見ていくと、もともとロイヤルホストというチェーンは店内の雰囲気が非常にリラックスできるように作られているのが分かる。ぎらぎらしない落ち着いた内装と店内に流れるゆったりとした音楽。テーブルは広く、座席はソファ席が多めで椅子席も背もたれが大きくゆったり座れる。テーブル間の動線が広く、車椅子でも楽に入れる。店員さんも落ち着いた丁寧な対応で、せかせかすることがない。

一つ一つは細かい点だが、これら細部が集まって、リラックスしつつほどよく集中できる「空気」が生まれる。創造にいちばんちょうどいい空気だ。神は細部に宿る。ロイホの魔法は、たぶんこういう細部の積み重ねでできている。

※「買ったけど積んであるだけでまだ読んでいない本」のこと。勝手に増殖する。

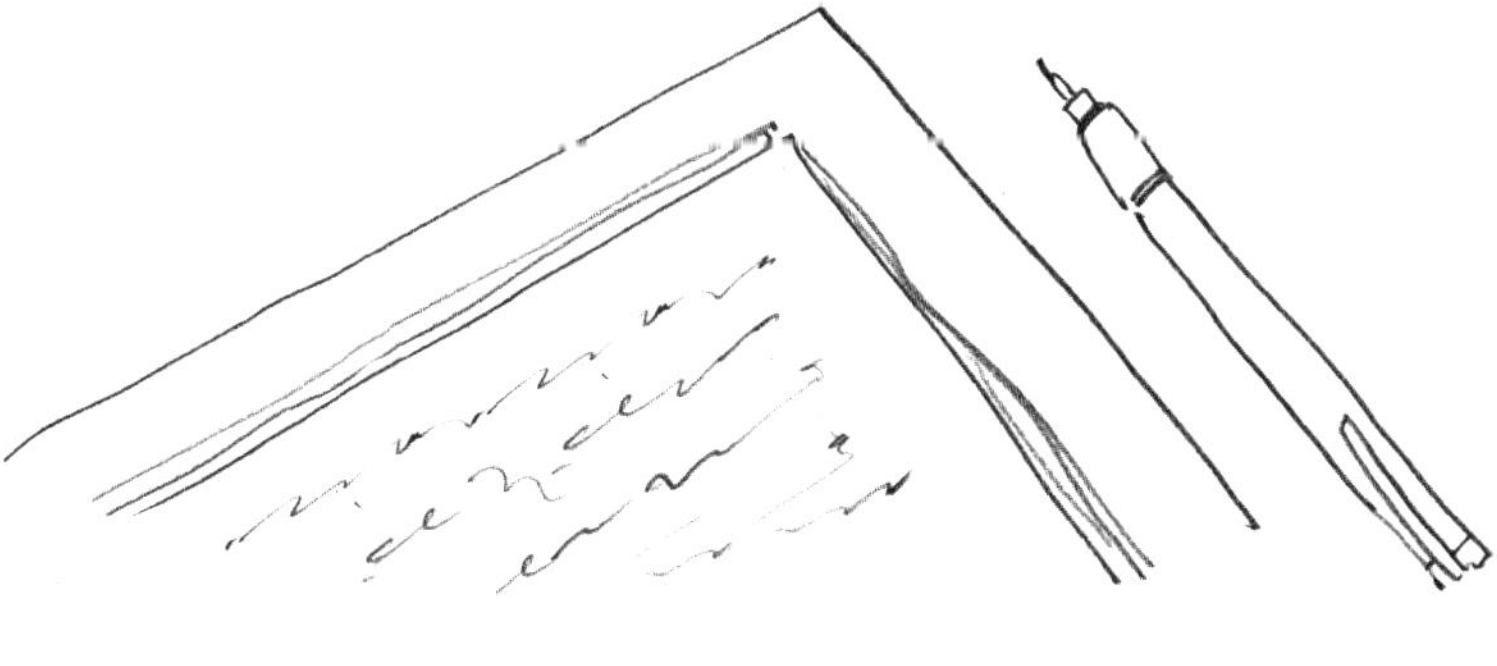

クイズ★どこの店舗でしょ〜か⁉

朝井リョウ

朝井リョウ（あさい・りょう）

1989年、岐阜県生まれ。小説家。2009年『桐島、部活やめるってよ』で第22回小説すばる新人賞、13年『何者』で第148回直木賞、14年『世界地図の下書き』で坪田譲治文学賞、21年『正欲』で第34回柴田錬三郎賞を受賞。著書に、『何様』『風と共にゆとりぬ』『死にがいを求めて生きているの』『スター』『生殖記』ほか。

一番好きなロイヤルホストのメニュー

フレッシュ桃のパフェ〜ピーチ・メルバ風〜
(2015年のメニューですが、おいしすぎて、期間中に
何度食べられるか挑戦していたくらい好きでした)

ロイヤルホストによく行く時間帯

希望は、午前中から居座ってランチで暴食、という流れ。
実際に多いのは夜

よく一緒にロイヤルホストに行く人

ライブ帰りに行くことも多いので、一緒にライブに行く人たち

好きな席

江古田店の個室は特別感ありました！

ロイヤルホストへひと言

いつまでもその“正体不明感”によって、こちらが
言葉を尽くしたくなる存在でいてください！

第一問。

もう十年以上前、会社員だった私は、とにかく週末の到来を心待ちにしていました。平日も執筆はしていましたが、やはり時間的にも体力的にも限界があり、じっくりと小説に集中できる土日が待ち遠しくてたまらなかったのです。

そして、そんな大切な二日間の始まりとして選んでいたのが、このロイヤルホスト✗✗店でした。

理由は簡単。その店舗は、ロイヤルホストの中でも珍しく、朝食ビュッフェを実施しているのです。

土曜の朝になるたび、私は早起きをして東京を自転車で疾走し、六時半から十時半までならば時間無制限で楽しめるロイホ特製朝食ビュッフェを楽しみ尽くしていました。あのパンケーキが食べ放題であることはもちろん（しかも食べたい分だけオーダーする仕組みなので、毎回焼き立てをいただけます）、私は通常営業時にはお目にかかることのできないSSRメニュー〝焼きそば〟に夢中でした。それ以外にも豊富に取り揃《そろ》えられたラインアップをぐるぐると何周もしながら、結局、制限時間ギリギリまでその店舗に居着いていました。スタッフの方々からしたら、毎週末決まって朝から長居する（しかも異常にパンケーキをオーダーする）鬱陶《うっとう》しい客だったと思います。その節は大変申し訳ございませんでした。

とにかく、兼業に奔走していたあのころは、土曜日の朝の朝食ビュッフェが私の心のオアシスだったのです。あの、ロイヤルホストの様々なメニューが食べ放題という夢のような時間に、当時の私は間違いなく支えられていました。

ではそろそろ参りましょう。

クイズ★どこの店舗でしょ〜か⁉

正解は……そう、ロイヤルホスト東新宿駅前店でした〜！

朝食ビュッフェを実施しているという時点で正解の可能性のある店舗は仙台花京院《かきょういん》店、東新宿駅前店、八丁堀店、新横浜駅ビル店、横浜駅前店、福岡の天神西通り店に絞られ、そこからさらに都内に限れば東新宿駅前店と八丁堀店の二店舗のみ、となります。流石《さすが》に一問め、正解に辿《たど》り着いた方も多いのではないでしょうか。

それでは、次の問題に行ってみましょう！


第二問。

きっかけは、出版社を通じて送られてきた、とある高校生からの一通の依頼書でした。

その依頼書のタイトルは、『著作権の確認と使用許諾についてのお伺い』。読んでみると、九月上旬に行われる文化祭で私の小説を演劇として上演したい、とのこと。

即ＯＫの返事をしたわけですが、私が気になったのはその依頼書のあまりにもしっかりとした佇《たたず》まいでした。署名欄には〝三年◯組クラス代表〟の文字と氏名が明記されていましたが、社会人経験を積んだ大人から届く依頼書の類《たぐい》と何の遜色もなかったのです。気になった私は、その高校の文化祭について調べてみました。そして度肝を抜かれました。

三年生の全クラスが自分たちの教室を劇場に作り変え、一回八十分のステージを一日四公演、計八公演行う。その完成度の高さは有名で、整理券は瞬時になくなる。巷《ちまた》では〝日本一の文化祭〟と呼ばれており、その演劇をやりたいがためにこの高校を受験する中学生もいる――。

当日、私はその演劇を観に行きました。そして、度度度度度肝を抜かれました。

もともと教室だったとは思えないお手製の劇場。プロ顔負けのセット、過不足なく再構成された脚本、胸に迫る各キャストの演技。何もかもが想像を遥《はる》かに超えるクオリティで、高校生たちの熱量による全力タックルを喰《く》らったような気分でした。あまりのエネルギーにふらふらになりながら帰路に就いた私は、思わず最寄りのロイヤルホストに入りました。

九月上旬、当時のロイヤルホストは、桃のデザートフェアを展開していました。私はこのフェアが心底大好きで、期間中、何度店舗に足を運んだかわからないほどです。あっという間に、注文した桃のパフェが届きました。高く伸びるパフェのてっぺんには、あの高校生たちの魂のようにピカピカに光る桃が丸ごと載っていました。

ゆっくり糖分を補給しながら私は、先ほどまで訪問していた空間に思いを馳《は》せました。青春という言葉には収まりきらない爆発的なエネルギー。損得勘定のない世界で生み出された、たった二日間のための舞台。私は、彼ら彼女らの高校最後の夏にほんの少しでも関わることができた喜びに浸りつつ、自分はもうあの場所からずいぶん遠くまで来てしまったんだなと感じ入りました。それはもちろん物理的な話ではなく、大人になったからこそ頼める価格帯のパフェを贅沢《ぜいたく》に楽しんでいることに対して、です。あの子たちの打ち上げはきっと、美味《おい》しい食べ物を用意せずとも大盛り上がり確定でしょうから。

ではそろそろ参りましょう。

クイズ★どこの店舗でしょ〜か⁉

正解は……そう、ロイヤルホスト国立《くにたち》駅前店でした〜！

〝日本一の文化祭〟という情報から国立高校を思い浮かべた方も多いのではないでしょうか。そうなると正解に一気に近づけますね。気になった方はぜひ「国立高校　文化祭」で検索してみてください。何もかもに圧倒されるはずです。

それでは、次の問題に行ってみましょう！


第三問。

友達になりましょうよ、私たち――その夜私は、人生で初めて、そんな台詞《せりふ》を口にしかけました。

数年前のことです。私は、会社員時代の元上司と映画を観に行く約束をしていました。勤めていたときは上司、部下という関係に過ぎませんでしたが、当時から私はこっそり「違う形で出会っていたら、この人とはもっと趣味の話とかをするような関係性になっていたかもしれない」なんて思っていました。その人の好む本や映画、そしてそれらへの感想に、興味と共感を抱いていたのです。

その元上司とは、私が退社してからも、たまに連絡を取っていました。

あるとき、とある映画の話になりました。海外で既に公開されている話題作で、日本での公開が近づいていたのですが、私はその前に同監督の過去作を観ておきたかったのです。そんな話をしたところ、過去作が都内のミニシアターでリバイバル上映されることがわかり、二人で観に行くことになりました。

元上司の退勤後、劇場近くのカフェで落ち合い、お目当ての作品を並んで鑑賞しました。帰路、最寄りのロイヤルホストに入り、映画の感想を話しながら夕食を摂りました。私はそのとき、〝国産豚ポークロースステーキ〜ジンジャーバターソース〜〟を頼みました。黒×黒ハンバーグと迷ったのですが、こってり気味の作品を観たあとだったので、あの旨味《うまみ》たっぷりの豚肉と付け合せの野菜にも相性ぴったりなバターソースで、もっとこってりに浸りたかったのです。

映画の感想をひとしきり話し終えたあとのことでした。元上司がふと、「俺、友達がいない気がするんだよね」と零《こぼ》したのです。

二人とも三十歳を超えた男性同士ということもあってか、ふいに現れた友達という単語は、とても新鮮に響きました。

元上司はこう続けました。

「なんか、家族でもない会社の人でもない、普通に映画の話とかできる友達がいないなって思って」

じゃあ。

友達。

に、なりましょうよ、私たち。

私の舌の上に、そんな言葉が一瞬、現れました。でも、コク深いバターソースに足を滑らせたのか、その言葉たちが声として放たれることはありませんでした。

それ以来、二人で出かける機会には、まだ恵まれていません。

ではそろそろ参りましょう。

クイズ★どこの店舗でしょ〜か!?

正解は……そう、ロイヤルホスト道玄坂店でした〜!

過去作をリバイバル上映しそうなミニシアターの立地から逆算すれば、もしかしたら正解に辿り着けたかもしれませんね。そうです、お察しの通り、問題の難易度は少しずつ上がっていています。次はぜひ当ててみてくださいね!

第四問。

その日の私は、藤井隆さんのリリースツアー『Music Restaurant Royal Host Release Tour 2022』のファイナル公演に参加していました。

まずはこの『Music Restaurant Royal Host』という名アルバムに触れる必要があります。共に生誕五十年を迎えた藤井隆さんとロイヤルホストがコラボレーションした、奇跡的なアルバムなのです。ジャケットから歌詞カードからプロモーション動画から、とにかく隆とロイホが最高のタッグをお届けしてくれています。

そのアルバムを引っ提げたツアーの千秋楽ということで、会場は大興奮。種類豊富なグランドメニューを彷彿《ほうふつ》とさせる色とりどりの楽曲によるセットリストで大満腹ご馳走《ちそう》様という様相だったのですが、個人的に印象的だったのは藤井さんがお召しになられていた衣装でした。

実際にロイヤルホストのスタッフが使用している制服が提供されたそうで、序盤は白いシャツと緑色のエプロンでクルーの衣装。中盤では緑色のエプロンの代わりに白いベストを着用し、クルーからシフトリーダーに。後半は遂にコック服でステージ上を舞い、最終的には料理長が被《かぶ》る長いコック帽を振り乱しながら最高のパフォーマンスを繰り広げていらっしゃいました。ライブを通して、とある店舗の中で一人の若者がクルーから料理長まで成長していく姿を見せていただけたような、そんな感慨深い気持ちになったものです。

ではそろそろ参りましょう。

クイズ★どこの店舗でしょ〜か⁉

正解は……そう、ロイヤルホスト恵比寿ガーデンホール店でした〜！

え？

ええ、そうですね。存在しませんよ、そんな店舗は。

何ですか？　その目は。

申し上げておきますが、ツアーファイナルの会場だった恵比寿ガーデンホールは確かにあの日、ロイヤルホストの店舗そのものだったんですよ。だって、グッズとしてオニオングラタンスープでお馴染みのオリジナルキャセロールまで販売していたのですから。

そんなのもう、ロイヤルホスト恵比寿ガーデンホール店じゃないですか。

その不信感たっぷりの目つき、やめられますか？　インチキではありませんよ。正解した方もきっといらっしゃるはずです。

はい、次の問題にいきますよ。


第五問。

その日私は、どの店舗でも叶《かな》えられなかった夢を、遂に叶えました。

唯一ロイヤルホストに関する難点を挙げるとすれば、とにかく食べたいものが多すぎること。これに尽きます。今日は久しぶりにあの栗の風味が嬉《うれ》しいコスモドリアを食べるんだ！　なんて決意していても、店舗に入ってしまえば最後、まずは季節ごとに展開されるユニークなフェアメニューに目が奪われ、徐々に最近ご無沙汰だった他の定番メニューにも視線が流れ……結局、あれもこれも食べたいという欲張りな気持ちに頭を掻《か》き毟《むし》ることになります。いつも、二食に亘《わた》って居座ってしまえたらいいのに、沢山頼んでゆっくり時間をかけて楽しめればいいのに、なんて思います。

また、これはロイヤルホストに限った話ではありませんが、いくら大好きなものでも同じものを二つ以上は頼みづらい、という点も挙げられます。本当はこのメニューを複数頼みたいんだけどそんな注文しにくいな、と、気が引けてしまうのです。

でも、これらの願いが、ある場所ではバッチリ叶う時代が到来いたしました。

早いですが、参りましょう。

クイズ★どこの店舗でしょ〜か!?

正解は……そう、ロイヤルホスト自宅店です！

やめてください、ブラウザバックするのは！　そうです。新型コロナウイルスの蔓延《まんえん》を機に商品ラインアップを拡大してくれたロイヤルホストの冷凍商品宅配サービス、ロイヤルデリのおかげで、私たちは自宅を店舗化することもできるようになったのです。

私はずっと、斬新なフェアメニューを前にして結局選べないことの多いコスモドリアを自宅に常備しておきたいと思っていました。アンガスサーロインステーキについてくるマッシュポテトももっと沢山食べたかったし、お皿に残ったパスタソースにパンを擦り付けたかったのです。そういう願いを、ロイヤルデリは全て叶えてくれました。何より嬉しかったのは、オニオングラタンスープを大量注文できたこと。そして、その中に好きなだけパンとチーズを追加して、スーパーギルティなオニグラを爆誕させられたことです。気持ちが塞ぎがちなコロナ禍でしたが、店舗ではできなかったことを自由に楽しませてくれたロイヤルデリの存在に、当時の私は大いに救われました。

思えばロイヤルホストは、幾つかの意味で、私にとっては自由の象徴でした。

一つ目の意味は、私自身の自由さです。

まず、この原稿を執筆している二〇二四年七月時点、私の故郷である岐阜県にロイヤルホストは出店していません。つまり、少なくとも私が上京した十八歳までは、行きたくても行けない場所だったのです。

上京して大学生となり、アルバイトを始め、自分で稼いだお金でファミリーレストランに行けるようになりました。その後、売文業を始めたことで自由に使えるお金が増え、行ける店の選択肢がロイヤルホストにまで広がったとき、私は、〝行きたいときにロイヤルホストに行ける〟以上の自由ってこの世にあるだろうかと思いました。それくらいの喜びを感じたし、自分が手にする自由のサイズとして非常にしっくりきたのです。

それからというもの、いつ誰と行っても間違いなく満足できるロイヤルホストの風景は、私の人生の様々な場面の背景となっていきました。

新潮社や移転前のKADOKAWAで仕事があるときは神楽坂《かぐらざか》店へ。ここで私は沢山の原稿を書き、ゲラをチェックし、メールを返しました。この店舗で生まれた作品も多いです。

講談社で仕事があるときは音羽店へ。お会計をしようとしたとき、店員さんが、私がロイヤルホストについて語っている雑誌の誌面を笑顔で見せてくれたことがありました。

武道館でライブを観たあとは九段下店に集合。感想戦で盛り上がるあまり閉店まで居座ってしまい、【ハイウェイを走る車のテールランプの光が、無数の赤い光の帯となって、暗い夜の静寂《しじま》を流れていきます】で始まるあの閉店アナウンスを何度聞いたことか。

姉の結婚式のあとに寄ったのは高輪《たかなわ》店、会社員時代の同期の結婚式のあとに寄ったのは銀座インズ店でした。江古田店にはガラスで囲われた個室があり、そこで雑誌の収録をしたこともあります。藤井隆さんによる『Music Restaurant Royal Host Tour 2022 ランチショー・ディナーショー』が行われた桜新町店では、とあるドキュメンタリー番組の撮影をしました。静岡で開催されていたさくらももこ展へ行く前には新横浜駅ビル店で腹ごしらえをしたし、朝の生放送番組に出演したとき、わざわざ汐留《しおどめ》のスタジオまでスタッフやシェフの方々が私の大好きな梨のパフェを持ってきてくださったこともありました。

えら過ぎもしない、貧乏過ぎもしない、人間としてちょうどいいくらい、を表す例として〝トンカツ〟が選ばれている有名な言葉があります。私にとってのトンカツは、ロイヤルホストなのだと思います。店舗に行くでも自宅に届けてもらうでも、楽しみたいときにロイヤルホストを楽しめる。それが、私の掌《てのひら》が摑《つか》みたかったちょうどいい自由さなのです。

そして、私はロイヤルホストからもう一種類の自由さを受け取っています。それは、世の中に何かを提供する、という行為における自由さです。

スペイン・バスク料理フェア、南フランス・ニース料理フェア、食旅！ボストンフェア……店舗を訪問するたび、そのフェアメニューのユニークさには毎度目を見開いてしまいます。ファミリーレストランとは慣れ親しんだメニューを楽しむ場所、という固定観念をブチ壊すように、ロイヤルホストで初めて食べた料理や食材が私には沢山あります。

経営素人の甘い妄想でしかありませんが、ロイヤルホストのフェアメニューは常に、開発側にいる誰かの個人的な確信から全てが始まっているように思えるのです。独特のフェアメニューからは毎回、この季節はこの食材が定番だろう、今はこれが流行っているのだろうという安易な目論見《もくろみ》ではなく、世界中の料理や食材を常に大量にインプットしている人だけに許された台詞「ま、騙《だま》されたと思って食ってみなよ」が聞こえてくる気がするのです。そして、そんな個人的な確信のもとに一流の仕事が集結しているという構造が、ものづくりとしてとても眩《まぶ》しく、そして美しく見えるのです（ちなみに、藤井隆さんの音楽活動にもこの眩しさと美しさを感じることが多く、両者のコラボレーションの納得感はこの辺りからも醸し出されている気がします）。

本を作っていると、自分の中にしかない確信をどれだけ信頼していいのか迷う瞬間が多々あります。今思えば、ロイヤルホストで（非常識にも）多くの原稿を書いたり沢山の時間を過ごしてきたのは、季節ごとに変わるフェアメニュー陣から「アンタ、自分の確信を信じな」と励まされていたからかもしれません。一つ一つの料理から感じられる細やかな工夫やこだわりから、ものづくりにおける妥協のなさがどれだけ受け手の胸を打つか、痛感していたからかもしれません。自由に振る舞うロイヤルホストを、楽しみたいときに楽しめる自由。この奇跡的な幸福が少しでも長く続く世界であることを、心の底から祈っています。

　ということで、最後の問題です。

　私には、中学時代の友人の御両親と文通をしていた時期があります。その友人とは（私が一方的にそう思っていただけかもしれませんが）、他の同級生とはどこか違う、強い繋《つな》がりを感じていました。もしかしたら一生の友になるのかもしれない。そんな特別な光のようなものを、少なくとも私は感じていました。でも、あるときから、その友人とは二度と会えなくなってしまいました。もう十年以上、私だけが歳を重ねています。

　とあるきっかけで、その友人の御両親と手紙を送り合うようになりました。御両親は、その友人が私の本を読んでくれていたこと、私の話をしてくれていたこと等、私の知らない彼の姿を沢山伝えてくれました。私も、私から見たその友人の姿を、彼が放っていた不思議な輝きを、精一杯伝えました。やりとりはしばらく続きました。

　ずっとこのまま文通を続けるわけにもいかない――きっとお互いがそんな風に感じていたタイミングでした。私の小説の舞台化が発表され、御両親がずっと大ファンだった役者が出演することがわかったのです。まるで元からそうなることが決まっていたかのように、この舞台の座席を二人分御用意するので、それを観に来ていただいて手紙のやりとりを終えましょう——そんな運びになりました。

舞台鑑賞後、地元に戻られた御両親から届いた最後の手紙には、舞台の御礼に加えて、こんな主旨の文章が綴《つづ》られていました。

『実はあの後、あなたが色々なところで話しているロイヤルホストというところに初めて行ってみました。とってもおいしくて、本当にいい思い出になりました。ありがとう』

では、参りましょう。

クイズ★どこの店舗でしょ〜か⁉

正解は……今でもわかりません。

劇場の立地や帰路の交通機関から推理しようと思えばできるのですが、はっきりと店舗名を伺ったことはないので、正確なことはわからないのです。

でも、どこの店舗だとしても、何を食べたのだとしても、お二人が包まれただろう幸福感だけは手に取るようにしてわかります。ロイヤルホストに行ったのならば、どこの店舗でもどんなメニューでも、絶対に笑顔になれるから。

welcome to
Royal Host
あなたは
何問正解
しましたか.

パラティー

4杯目

働く仲間との夜ごはんは神田神保町店で

高橋ユキ

本の街として知られる神保町には出版社もひしめく。ときどき私も神保町に行き、出版社での用事を済ませたりする。そんなとき、こんなLINEが届くことがある。

「ユキさん今日神保町いる?」

送り主は同業の河合桃子。過去には同じ週刊誌でともに記者として働いていた。今は週刊誌だけでなく、複数の週刊誌系ウェブ媒体でも仕事をしている彼女とは、愚痴を言い合ったり仕事の相談をしたりする間柄だ。また同年代で、ともに子育て中という共通点もある。

LINEは〝今日神保町にいるようだったらご飯でも行こう〟と解読できる。ちょうど小学生の子供の夜ご飯を夫に任せ、夜まで出版社で作業をしていた日などは、この誘いに乗って、夜のロイヤルホスト神田神保町店へと繰り出す。子供を育て始めてから夜の外食の誘いはとにかく減ったし、相手を面白がらせるような話術は持っていない。いつしか「私と外食しても楽しくないのでは」と、誘うことを躊躇《ちゅうちょ》するようになったのだが、週刊誌に関わっている人たちはその辺りをあまり気にせず声をかけてくれる。それが私にはとても嬉《うれ》しい。

パスタやクラブハウスサンドなど、決まったメニューを選びがちな私は、相手が頼むものに興味津々だ。桃子さんは私が一人で行っても絶対に選ばないようなものをチョイスする。ある日は「真鯛《まだい》・海老《えび》・帆立のあつあつグリル〜温野菜添え〜」と「オマール海老のクリームスープ〜BISQUE〜」を頼んでいて驚いた。私だったらそこはオニオングラタンスープにいくところだし、あつあつグリルよりはステーキを選んでしまう。桃子さんはとにかく磯の味を欲していたのだろうか。オマール海老のスープは「うまっ!」と特に気に入り、次に行った時も頼んでいた。

取材をする人間にはそれぞれ関心のある分野がある。私から見た桃子さんのフィールドは「性愛」だと思っている。AV女優へのインタビューやハプニングバー摘発事件など精力的に取材執筆しており、最近なにを取材しているかを聞くのが楽しみだ。先日は「既婚者合コン」なるものに参加したという。「既婚者」「合コン」。並んではいけない単語が並んでいる。「失楽園」のごとく、なにかものすごくエロい印象を受ける。元・既婚者というわけではなく現在進行形の既婚者!? 驚いて尋ねると桃子さんはグリルの海老にナイフを入れながら「そうなんだよ〜」と言う。脳内で「海老」と「既婚者合コン」が紐《ひも》づけられてしまった瞬間だった。その合コンで出会う異性とは話し相手で終わることもあれば肉体関係に発展することもあるというからまた驚く。驚きすぎているような気もする。肉体関係に発展したら訴訟じゃないの？　驚きっぱなしで聞いていたら、あっという間に「茄子とひき肉のボロネーゼ」を食べ終わってしまった。

現在シングルの桃子さんは自分の性愛の探究も怠らない。マッチングアプリで出会った男性と遠距離恋愛中だったこともあったが、その時はよく、相手と揉《も》めて落ち込んでいた。たまに相談めいた愚痴も聞いたりしたが、いまや私は恋愛相談などを受けることがめっきり減ってしまい、何をアドバイスしていいのか皆目見当がつかない。高校時代の吹奏楽部で三年間しか吹いていなかったファゴットの吹き方をいま聞かれたようなものである。いつもだいたい、パラティーを飲みながらただ聞くことしかできていない。相手にバリューを提供できていないのではないか？　令和の価値観に毒され、相手に「得をした」と思わせなければならないということに囚《とら》われている私は、すぐにそんな心配をしてしまう。でも私は私で、桃子さんに仕事の相談をしたり、愚痴を吐き出したりしているだけですごくスッキリしているので、桃子さんもそうなのかもしれない、きっとそうだと思っている。そんな時間があってもいい。

ロイヤルホストへひと言

テリーヌ復活してほしいです！

特別鼎談

藤井隆 × ハリセンボン 近藤春菜 × ハリセンボン 箕輪はるか

さまざまなメディアでロイヤルホストファンを公言し、ロイヤルホストとのコラボアルバム『Music Restaurant Royal Host』もリリースしている藤井隆さんと、ご自身のＹｏｕＴｕｂｅチャンネル「ハリセンボン Official Channel」でモーニングメニューを紹介されている姿が話題になったハリセンボンのおふたり。ロイヤルホストを愛してやまないお三方が、ロイヤルホストで顔を合わせるのは意外にもはじめて。

十二月某日の夜。お好きなメニューをご注文いただき、料理を口にしながらロイヤルホストへの愛を語り尽くす幸福に満ちた鼎談《ていだん》が始まりました。

ご注文メニュー

藤井隆 様

黒×黒ハンバーグ&オマール海老《えび》と蟹《かに》のテルミドール
蟹と帆立のちいさなマカロニグラタン
ロイヤルのオニオングラタンスープ
ケールサラダ〜ピーナッツオイルドレッシング〜
紅玉りんごと塩キャラメルアイスのブリュレパフェ
パラダイストロピカルアイスティー
追加注文：英国風パン

ハリセンボン 近藤春菜 様

ケールサラダ〜ピーナッツオイルドレッシング〜
190g レギュラー黒×黒ハンバーグ ブラウンバターソース
オニオングラタンスープセット ライス付
ホットファッジサンデー
パラダイストロピカルアイスティー

ハリセンボン 箕輪はるか 様

150g 厚切りアンガスサーロインステーキサラダ
オニオングラタンスープセット ライス付
ヨーグルトジャーマニー
アイスコーヒー

やっぱり頼んじゃう、いつものメニュー

藤井隆（以下、藤井） 今日ボクは、ジャケットで来たんですけど、ハリセンボンのおふたりはカジュアルですね。

ハリセンボン・近藤春菜（以下、近藤） ロイヤルホストは高級感のあるファミリーレストランですけれども、カジュアルでも来られるところがよさだなって思うので、あえてのこの服装です。

藤井 普段はね、お着物着てるもんね。

近藤 和泉節子じゃねーよ。

一同 笑

近藤 藤井さんはどこかロイヤルホストっぽい。

藤井 お気づきになりました？ スーツ着るときって、いつも結局オレンジになるんですよね。ロイヤルホストの色を求めてるところがあります。

（テーブルを見て）あっ！ うっかり英国風パン

を頼むのを忘れていました。

近藤　あら。

藤井　ご飯ももちろん一番好きなんですけど、英国風パンの形といい、愛らしさがもう大好きで。(厨房《ちゅうぼう》に向かって) 一つお願いします！

近藤　確かにちょうどいいサイズですよね。私の今のマイブームがハンバーグのこのセット（黒×黒ハンバーグ ブラウンバターソースにオニオングラタンスープセット ライス付）とケールサラダなんです。

藤井　（ケールサラダを頬張りながら）おいしいよね。

近藤　ケールサラダ、めちゃくちゃおいしいですよね。体にいいケールをこんなにおいしく食べやすくしてくれているなんて。鶏の胸肉とピーナッツとドレッシングの相性がすごいよくて。

ハリセンボン・箕輪はるか（以下、箕輪）　私も今はこのサラダとステーキ（150gアンガスサーロインステーキサラダ）にハマってます。いつも同じものを頼んでいて。普段ステーキもサラダもそんなに食べないんですけど……。

近藤　何を食べてるの？

藤井　昔、お仕事で一緒になったとき、ロケバスの中で朝、前の方に座っていたはるかちゃんが席で遠慮がちに、りんごのデニッシュみたいな薄いパンをパクパクって召し上がってるのを見たんです。朝、昼と過ぎて、最後の最後、夕飯のタイミングでもまだ、はるかちゃんは朝のデニッシュを食べてて。

一同　笑

藤井　食が細いんでしょうね。だから今日、選ばれたメニュー、びっくりしました。うれしかったです。

箕輪　本当にしっかり食べたくなるんですよ。

藤井　いいですねー。

箕輪　ワンプレートにしてくれているのが、今日のお食事っていう感じがしていいんですよね。私、気が散っちゃいがちで、いろいろな小鉢がたくさんあると、あっちもこっちもってなっちゃうんですよ。ワンプレートになると、（お皿を指しながら）ここに向き合おう、向き合いたいっていう気持ちになるので、集中してお食事できる。

藤井　控えめで素敵な性格が出てますよね。ボクなんてもう、いっぱいあればあるほど、わーってうれしくなるから。ボクはいつもポークソテーのジンジャーソース（国産豚ポークロースステーキ～ジンジャーバターソース～）か海老と帆立のシーフードドリアか、コスモドリアか、あつあつ鉄板チキングリルかを選んじゃいますね。でも、フェアをやっているときは絶対フェアの中から選びます。

近藤　旬のメニューを楽しんでますね！

藤井　ロイヤルホストのカレーフェアではじめてグリーンカレーとかココナッツカレーに出会いま

したね。実家ではなかなかココナッツのカレーは出ないので。

近藤　出てこないですよね、タイが実家じゃないとね。

一同　笑

思い出のロイヤルホスト

藤井　ボクが若い頃は、まだロイヤルホストが二十四時間営業だったんですよね。その頃、色んな〝はじめて〟をロイヤルホストで経験しました。とくに印象に残っているのは、自分が会社員として働き出した十九歳のとき。それまでは先輩にずっとついて回ってたんですけど、「ちょっと一人で行って来なさい」って大阪の桜川に行って。帰りに一人でランチをロイヤルホストで食べました。「Aランチお願いします」なんて。それがやっぱり今まで友達と深夜に行っていたロイヤルホストとは全然違かったのをすごく覚えている。そのときに桜川店で店長さんだった方が、二〇二二年に発表したアルバム「Music Restaurant Royal Host」で沢山お世話になった生田社長（当時。現ロイヤルホールディングス株式会社執行役員）で「もしかしたら当時お会いしてましたね」って。思い出深いお店ですよ。

近藤　すごい！　私は幼稚園か小学校低学年ぐらいのときに、おじいちゃんおばあちゃんに連れってもらった実家近所のロイヤルホストが思い出深いですね。私、めちゃくちゃおじいちゃんおばあちゃんっ子で。朝や昼が多かったですが、三人でよくロイヤルホストに行きまして、パンケーキを食べました。家以外で、パンケーキを食べたのはロイヤルホストが初めてじゃないかな。スウィーツとしてだけじゃないパンケーキを食べて、甘じょっぱいを教わりました。

藤井　おうちではお箸で食べるけど、ロイヤルホストではナイフとフォークでね。

近藤　そうなんです。はじめてのテーブルマナーもロイヤルホストで習った気がしますね。

藤井　素敵ですね。

ここから眺める景色が好き

近藤　最近、一日だけファスティングしたんですけど。

藤井　一日だけ!?（笑）

近藤　ファスティングした後って、回復食としてスープとか胃に優しいものから食べ始めなきゃいけないところ、どうしても我慢できなくなって次の日にアンガスサーロインステーキと蟹クリームコロッケとグリルした海老のセットをいただきました。

藤井　食べましたね（笑）。

近藤　非常においしかったです。ベストなコンデ

イションでお腹ぺこぺこで（笑）。いつもは「黒×黒ハンバーグが食べたい、じゃあロイヤルホスト近くにあるか探そう」とか、「ケールサラダが食べたい」とか、突発的に行きたくなって、一人でパッと行くんですよね。

箕輪　私も、一人で行くことかほとんどですね。有楽町で毎週ラジオ（ニッポン放送「ザ・ラジオショー」）をやってるんですけど、ラジオ局の近くの銀座にもロイヤルホストがあるんです。ちょうどラジオが終わるのがお店のランチタイムが終わった時間で、まわりのお店が閉まってしまっていて。でも、お腹空いてる、とにかく食べたい！っていうときにロイヤルホストにお邪魔する。その時間帯に行くと一人で来ている女性の方がサッと食べてサッと出るみたいな、充実した時間を過ごされていて。そういう方を見ると、同席できてうれしいなって気持ちになります。

藤井　（小声で）……そんな行ってへんやろ。ラジオ終わりばっかりやろ。

一同　笑

近藤　一店舗だけ。

藤井　一店舗だけ。だけどいいんです、もちろん。十分ですよ。大好きなのが伝わってきますよ。

箕輪　私は入り口から大好きなんです。お店によるかもしれないですけど、駐車場にもロイヤルホストって書いてあるのを見るとテーマパークだなって感じる。それから、入り口のドアを開くと、二重になってるところがありますよね。あのドアとドアの間がワクワクする。風が吹いたあの瞬間、これから食べるぞ、ロイヤルホスト楽しむぞっていう気持ちになる。そこが大好きです。

藤井　あの空間に入ると何かこう、内耳がカッてなるもんね（笑）。わかる。場所で言うと、ボクはボックス席の四人掛けのところで、ゆっくり座るのが一番好き。カウンター席に行っちゃうときもあります。それはそれで特別な感じがするんですよね。あと、ご存じですかね？　サーブする方が、デザートも担当されるんです。

近藤　わー！　そうなんですか？

藤井　ボクが行くお店の一つに、厨房で働いていらっしゃる姿が見える席があるんですけど、その席に座ったときは、デザートの注文が入ったら、サーブされていた方がやっぱり盛り付けていらっしゃるんです。

近藤　いいですね。そういう景色が見られるのは最高。

ロイヤルホストが教えてくれたこと

藤井　時間帯だとやっぱり、モーニングが好きですね。ボクは目玉焼きのセットを食べることが多いんです。ふたつある目玉焼きを一個はそのまま食べるんですけど、もう一個は、オニオングラタンスープの中にぽとんって入れて。

箕輪・近藤　うわーっ！

藤井　そうするとコクがプラスされる。おいしさをプラスして食べるのが好きで。それはやっぱり朝ならではだなって思います。

近藤　藤井さん、そういうアレンジとかもお上手だから。ロイヤルホストの系列のシズラーにご一緒させていただいたときも、サラダバーの盛り付けから、チーズの使い方とか、本当にプロ。

藤井　可能性は無限だから。タコスのチーズをタコスだけに使わなくても、別にコーンスープに入れてもいいんだよってね。もちろんおいしいものを一番おいしく作っていただいているので、それは楽しみますけども、自分自身もいろんなおいしい食べ方があるんじゃないかなって。

（ここでお三方のデザートが到着、歓声があがる）

藤井　毎回季節のブリュレパフェが出るんですけど今回はりんごと塩キャラメル味のブリュレパフェですね。マンゴーとかシャインマスカットとかメロンとか。ブリュレの部分が本当においしくて。シーズンに入ったら、なんとか絶対食べるようにしています。今回もやっと食べられたからよかった！（カラメルを割りながら）いい音！　複雑な味!!

近藤　私もいただきます！

（一同、近藤さんがホットファッジサンデーにチョコレートソースをかけるのを見守る）

近藤　パンケーキで甘じょっぱいも教えてくれましたし、こうやってあったか冷たいも教えてくれるのがロイヤルホストなんですよね。いろんなこと教えてくれる。ご飯だけじゃない経験ができるんですよね。

藤井　働いてからはじめて一人でロイヤルホストで食べたことも、今までは家族が支払っていたのを自分の働いたお金でっていう新しい経験ですし。ラジオ終わりに行くのもね。

箕輪　素敵な時間を過ごしてくださいっていう気持ちが各所から伝わってくるんですよね。私も人を大切にしなきゃなってていう風に思えるというか。

近藤　今までは荒くれてたみたいに（笑）。

箕輪　前は、人を見れば私に近づくなって殴りかかっていましたから（笑）。ロイヤルホストが変えてくれたなと思います。

一同　笑

藤井　実はアルデンテを日本に広めたのはロイヤルホストなんですって。今じゃ当たり前のように、お家でも「ちょっとアルデンテの方がいいな」って言うでしょ。

近藤・箕輪　そうなんですか⁉

藤井　本当に日本の食卓を変えたんですよ。アルデンテのパスタはロイヤルホストの「イタリア料理フェア」から始まったんです。カレーフェアもそうですけど、フェアをするって責任が伴いますよね。メニュー一冊考えるのも、ものすごいたく

さんの研究と愛情をこめて作ってる。ボクはフェアで新しい文化を教えてくれたなって思う。インターネットもなかった時代、好奇心旺盛だった十代とか、働き始めた二十代とかの頃に「何だろうこれ」と思いながらはじめて食べたものもたくさんあった。新しいものを提供してくれながら、ロイヤルホストが変わらずずっといてくれたので、それは本当に恵まれてるなと思います。例えばお仕事でうまくいかなくて、テレビのスタッフの方々と一緒にロイヤルホストに来て、「あれダメだったよ」「こうだったよ」とテーブルを一緒に囲んだ日ももちろんある。でも振り返って考えると楽しかった日の方が多くて、そういういい思い出が数多くあるロイヤルホストがずっとあり続けてくれるっていうのは本当にうれしいことです。

箕輪　私たちのＹｏｕＴｕｂｅをロイヤルホストで収録させていただいたときがありました。朝食をみんなで一緒に食べようって企画で、それまでは二人だけでしゃべる企画がメインだったんですけど、三人のスタッフさんがそれぞれ朝食を頼んで、同じテーブルをみんなで囲むとすごい話しやすくなって。普段そんなに聞けなかったディレクターさんのお話とか、マネージャーさんはこういうときこういうの頼むんだっていう発見とかがあって急に打ち解けやすくなった、そんなテーブルでした。

藤井　ありがとうございました。ロイヤルホストクルーになりかわりまして、御礼申し上げます。

一同　笑

大切なお客様の声

藤井　「Music Restaurant Royal Host」をリリースしたときにロイヤルホストの店舗でイベントをやらせていただいたんですが、バックヤードに入れていただくことになって、もちろん食品を扱っているし、ふざけたらいけないと思っていたら、身が引き締まった瞬間がありました。バックヤードの従業員の皆さんから見える壁に、「お客様からの声」っていうのが貼ってあったんです。ボクの目に留まったのは感謝の言葉。「雨が降った日に、バス停まで傘を差して一緒に待ってくださってありがとうございました」とおばあちゃんからの手書きの文章があったり、子供が大変なときに助けてくださいましたとか。

箕輪・近藤　なるほど……。

藤井　いただいた厳しいお言葉もスタッフの皆さんで共有されてました。この本を読まれているロイヤルホストのファンの皆さんの声も、ぜひロイヤルホストに届けてください。熱心なファンの方の中には「あのメニューなくなって残念です」とか「復活してほしい」とか、そういう思いもお持ちだったりすると思うんです。ファンの声で復活したメニューもあるくらいですし、実はロイヤルホストはそういう声も本当によく聞いてくれるんですよね。ボクが言うことじゃないんですけどこの場をお借りして伝えたいのは、お客様の声はぜひ聞かせていただきたいと思ってますので、遠慮なく店長さんとかにも言っていただきたいです。

箕輪・近藤　（頷く）

藤井　この本の読者の皆さんは我々よりロイヤルホストのことをもっとお詳しいかもしれませんが、ハリセンボンもボクもロイヤルホストが好きなのは皆さんと全く同じです！　お詳しい読者の皆さんに、私はこれが好きとか、こういうアレンジあるよとかこれからも教えていただきたいですね。お店でもし、ボクが食べてるときに遭遇したら、ぜひぜひご遠慮なく本を読みましたってお声がけください。お会計は絶対させてください。

近藤　私たちはそれぞれでお支払いいただきますが……。

藤井　やっぱりぶっちぎります。逃げ切ります！

近藤　なんだ逃げるんだ、走るんだ（笑）。

藤井　捕まったとしても山中つよしですって言います。

近藤　たかしとつよし、同じ文字数でも全然違う（笑）。

藤井　捕まえられるものなら、捕まえてみなさい！　私、キャッツ♥アイ。泪《るい》です。どう？ロイヤルホスト・キャッツ♥アイ。

近藤　私は愛、いいですか？

箕輪　瞳です。

藤井　ロイヤルホスト・キャッツ♥アイ、今日誕生しました。記念日ですね。

場所／ロイヤルホールディングス（株）東京本部
写真撮影／松永卓也
スタイリスト（藤井隆）／奥田ひろ子
メイク（藤井隆）／柳美保
メイク（ハリセンボン）／根本茉波、足達光世

ロイヤルホストで夜《よる》まで語《かた》りたい

二〇二五年一月三十日　第一刷発行
二〇二五年六月三十日　第八刷発行

編　　者　朝日新聞出版
発 行 者　宇都宮健太朗
発 行 所　朝日新聞出版
〒一〇四-八〇一一　東京都中央区築地五-三-二
電話　〇三-五五四一-八八三二（編集）
　　　〇三-五五四〇-七七九三（販売）

印刷製本　中央精版印刷株式会社

ISBN978-4-02-252023-4
定価はカバーに表示してあります。
本書に掲載の価格などの情報は刊行当時のものになります。
落丁・乱丁の場合は弊社業務部（電話〇三-五五四〇-七八〇〇）へご連絡ください。
送料弊社負担にてお取り替えいたします。